JN069794

出題傾向と模範解答でよくわかる!

警察官

試験のための

論作文術

【改訂版】

つちや書店

まえがき

この本は、これから警察官試験を受けるみなさんが、小論文試験対策を効率よくマスターすることを目指してつくられたものです。小論文試験は受験者の教養や内面的資質などを問うもので、一朝一夕で習得することは難しいとされています。それを「これ一冊」で完結できるよう、本書には次のような工夫が凝らされています。

まず第一に、過去の小論文試験で出題された問題を徹底的に分析し、よく出るテーマを絞り込みました。それを第5章と第6章で扱い、模範解答を提示しています。これらのテーマは頻出ですから、試験本番でも出題される可能性があります。第5章と第6章を予想問題と考え、与えられたテーマについてどんな内容をどのように展開すればよいのか、頭に入れておきましょう。

次に、本書はみなさんが少しずつ着実に小論文試験対策をマスターできる構成になっています。第1章と第2章では、警察官の小論文試験がどのようなものであるかを示し、第3章と第4章では、小論文を実際に書くための下準備を展開しています。そのうえで、第5章と第6章では、実際の過去問から厳選した27題を例題として、解答例を導き出しています。スモール・ステップで、一つひとつ階段を上がっていく章立てになっていますから、ぜひとも最後の第6章まで到達していただきたいと思います。

本書のもう一つの特徴として、第5章では「良い例」と「悪い例」の二つを並べ、「悪い例」のどこが悪いのか、それを改善するとどうなるのかをわかりやすく示しています。これにより、小論文試験において避けたほうがよいこと、評価の対象になることの基準がはっきりしてきます。本書を一冊読破すれば、試験本番で高得点をねらう自信がつくことを確信しています。

みなさんのご健闘をお祈りしています。

つちや書店編集部

出題傾向と模範解答でよくわかる！

警察官試験のための論作文術 改訂版

CONTENTS

第1章 警察官試験の概要

第2章 過去問分析

第3章 できる小論文とは？

CONTENTS

CONTENTS

CONTENTS

第1章

警察官試験の概要

- 警察官とは
- 警察官の職場
- 受験資格
- 採用試験
- 試験の日程

本章では、警察官試験の全体像を明らかにし、その中で小論文試験がどのように位置づけられているかを示します。

第1章　警察官試験の概要

● 警察官とは

警察官の職務とは、人々の安全を守り、国や地域社会の治安を維持することです。法律上の定義としては、警察官職務執行法第一条に示されている「この法律の目的」から、次のように読みとることができます。

「警察官は、個人の生命、身体及び財産の保護、犯罪の予防、公安の維持並びに他の法令の執行等の職権職務を忠実に遂行すること等を任務とする。」

警察の組織は、国の組織「警察庁」と、地方自治体の組織「都道府県警察」に大別されます。「警視庁」は、内閣総理大臣の所轄下に国家公安委員会が置かれ、その管理下に設けられている国家公務員です。

一方、都道府県には都道府県公安委員会が置かれ、その管理下に設けられているのが「都道府県警察」で、こちらは地方公務員です。

本書では、このうちの都道府県警察に勤務する警察官（Ⅲ類・B区分／高卒程度）を対象としています。

警察官として働くためには、原則として都道府県の警察本部ごとに実施される警察官採用試験に合格する必要があります。その後、各都道府県にある全寮制の警察学校で6～10ヶ月の研修を受けます。そして卒業後に各警察署に配置され、数ヶ月の実習ののち、各方面へ進むことになります。

●警察官の職場

警察官の職場は主に交番や警察署などです。警察官の仕事には、警務・生活安全・刑事・交通・警備などの部門があり、さらに各部門の中で多くの職種に細分化されています。

●受験資格

試験は、学力と年齢によって区分されています。区分の仕方は、Ⅰ類・Ⅱ類・Ⅲ類や、A区分・B区分などがあります。Ⅲ類とB区分は高卒程度の学力を有する人を対象とした試験と考えてよいでしょう。

また、それぞれの区分で男性と女性に分かれており、女性警察官の募集は、男性警察官に比べて少ないのが実状です。たとえば警視庁の場合、Ⅰ類・Ⅱ類・Ⅲ類と区分されており、Ⅲ類が高卒程度の学力を有する人を対象とした試験となっています。令和三年度のⅢ類採用予定人員は、男性警察官が250名、女性警察官が100名となっています。年によっては女性警察官の募集が行われない自治体もありますので、自分が受験する自治体を確認するようにしましょう。

採用区分

・Ⅰ類　……大学を卒業した人、または卒業見込みの人
・Ⅱ類　……短期大学もしくは高等専門学校を卒業した人、または卒業見込みの人
・Ⅲ類　……高校を卒業した人、または卒業見込みの人

警察官は一般の公務員以上に身体を酷使する職業ということもあって、受験資格には身体要件も含まれます。身長・体重・視力・色覚・聴力・疾患の有無など、自治体によって若干の違いがありますので確認が必要です。

［身体的条件の例］

・身長……男性は160㎝以上、女性は145㎝以上であること

・体重……男性は48kg以上、女性は45kg以上であること
・視力……裸眼視力が両眼とも0.7以上、または矯正視力が両眼とも1.0以上であること
・色覚……警察官としての職務執行に支障がないこと
・聴力……警察官としての職務執行に支障がないこと
・疾患……警察官としての職務執行上、支障のある疾患がないこと
・その他身体の運動機能……警察官としての職務執行に支障がないこと　など

また、採用試験では体力検査が実施されます。基礎的な運動能力が警察官の適性として求められるため、極端に運動が苦手な人は警察官には向きません。警察官というと、柔道や剣道などの武道に長けているイメージがあるかもしれませんが、経験のない人でも採用後に警察学校で学ぶことになるため、受験には問題ありません。

さらに、日本国籍を有しない者は受験することができません。地方公務員法第16条に基づき、次のいずれかの欠格条項に該当する人は受験できません。

地方公務員法第16条の欠格条項

ア．禁錮以上の刑に処せられ、その執行を終わるまで又はその執行を受けることがなくなるまでの者

イ．当該地方公共団体において懲戒免職の処分を受け、当該処分の日から二年を経過しない者

ウ．日本国憲法施行の日以降において、日本国憲法又はその下に成立した政府を暴力で破壊することを主張する政党その他の団体を結成し、又はこれに加入した者

●採用試験

採用試験の方法については、自治体によって若干の違いはありますが、一次試験が行われ、その合格者に対して二次試験が実施されるところがほとんどです。三次試験まで行うところや、年度によって異なる場合もあるため、受験する際には必ず確認しましょう。

なお、男性警察官については、共同試験が実施されています。自分の地元ではない自治体の警察官試験の受験を希望する人のため、各自治体が共同して実施している採用試験です。例えば北海道や沖縄県に住んでいる人が、東京警視庁の受験を希望した場合、地元で警視庁の試験を受けることができるというものです。共同試験に参加している自治体と、していない自治体があるので、希望する人は確認をしてください。

次の採用試験の例は、令和三年度の警視庁のものです。

教養試験	五肢択一式 **知能分野**　文章理解・判断推理・数的処理・資料解釈・図形判断 **知識分野**　人文科学・社会科学・自然科学・一般科目（国語、英語、数学）
論作文試験	課題式の論作文試験
国語試験	職務に必要な国語力についての記述式試験
面接試験	人物についての面接試験
格経歴等の評定	所持する資格経歴等についての評定
身体検査	健康状態に関する医学的検査
適性検査	性格適正および職務適正などについての検査
体力検査	腕立て伏せ・バーピーテスト・上体起こし・反復横跳び （種目は変更の場合あり）

●試験の日程

警察官採用試験は都道府県の警察本部ごとに、年一回〜三回実施されています。かなりばらつきがありますが、おおよその流れは次のとおりです。

①申込受付	2月〜8月
②第一次試験	5月〜9月
③第二次試験	5月〜11月下旬
④合格者の発表	6月〜12月中旬

郵送のほか、インターネットでも申し込みを受け付けているところがあります。

第2章

過去問分析

- 小論文試験の出題内容
- 小論文試験の傾向と対策

本章では、これまで実際に出題された問題を分析し、
小論文試験の傾向と対策を探っていきます。

第2章　過去問分析

● 小論文試験の出題内容

警察官試験は都道府県警察本部ごとに行われるため、論作文試験に与えられる時間や字数は異なります。目安は次のとおりです。

・試験時間　60～90分
・字数　600～1200字
※なお、第4章の例文は800字程度を基本としています。

また、論作文試験を一次試験で実施するところもあれば、二次試験で実施するところもあります。近年の傾向として、教養試験の得点よりも人物重視の選考になってきているので、論作文試験は面接試験と並んで重要性が高まっています。

論作文で出題されるテーマは、各都道府県警察本部によって異なります。したがって、試験の対策を講じるにあたっては、受験する都道府県警察本部が過去にどんなテーマで出題していたのかを分析し、その傾向を把握することが重要になります。

出題テーマは、おおよそ次のように分類できます。

【分類１】「警察官として」を問う出題
【分類２】警察に関わる社会問題に関する出題
【分類３】「私の思うこと」を問う出題
【分類４】抽象的なテーマを問う出題

なお、警察官試験が年に複数回行われているところでは、違うテーマが出題される場合が大半で、まれに男女で違う課題が出題されることもあります。

次に、どのようなテーマが出題されているのか、分類ごとに見ていきましょう。

【分類1】「警察官として」を問う出題の傾向と対策

●過去に出題された課題の例

・県民から信頼される警察官になるために必要なことは何か、あなたの考えを述べなさい（秋田県）
・あなたが警察官になりたいと思ったきっかけと、警察官になってから力を入れたいことについて述べなさい（福島県）
・あなたが警察に対して抱いているイメージと、警察官になるために努力していることを書きなさい（千葉県）
・あなたがこれまでに力を注いできたことを挙げ、そこから何を得たのか、また警察官としてどのように活用していくのか、あなたの考えを述べなさい（大阪府）
・あなたが考える警察官という職業の魅力を二つ挙げ、その魅力を具体的に述べなさい（兵庫県）

●傾向

過去に出題されたものは、「警察官になってやりたいこと」「求められる警察官像」といったストレートなものが多く、出題の意図をとらえることはそれほど難しくないでしょう。

これらのテーマは警察官志望者にとってもっとも基本的な課題であり、出題する側はもっとも知りたい内容です。

●対策

警察官に必要な基礎知識をしっかりとおさえ、警察官を志す動機、熱意、やる気を明確にしておきましょう。

ただし思いを伝えたいあまり、「自分はこれだけ警察官や警察について理解している」と、知識を羅列するようなことは避けるべきです。あくまでもまだ現場を知らない〝警察官志望者〟であるという謙虚さを念頭に置きながら、警察官になりたいという熱い思いを自分の言葉で素直に書くことが大切です。

・志望動機を明確にする
・受験する警察本部について知る
・熱意、希望、夢、志を素直に書く
・自分なりの理想の警察官像を持つ

【分類2】警察に関わる社会問題に関する出題の傾向と対策

●過去に出題された課題の例

・地震などの大規模災害発生時において警察官のはたすべき役割と、あなたの考えを述べなさい（北海道）
・SNSの危険性と、社会人として自分自身が使用する際に気を付けなければならないことを述べなさい（静岡県）
・自転車を運転する人のマナーを向上させるためにはどうすればいいのか、考えるところを述べなさい（香川県）
・子どもに関わる事件事故を防止するためにはどうするべきか、あなたの考えを述べなさい（宮崎県）

●傾向

公務員試験において社会問題を扱うことはよくありますが、警察官試験で課題となる社会問題の大半は交通事故、少年犯罪、公共の場でのマナーなど、警察に関わる一般的な社会問題です。

評論家のように論じるのではなく、実際にそれらの問題に対応する警察官の視点で、具体的な対策を提案することが求められています。

●対策

警察に関する社会問題は人の生死に関わることや、社会の暗部に関わることなど、そのほとんどが明るい話題ではありません。しかし、ネガティブな話題をネガティブに論じても意味がありません。

警察官の仕事は、正義を守り社会秩序を維持することであり、社会をよい方向へ導いていくことが使命です。課題である社会問題について、**自分はどう考え、どのようにすれば少しでもよい方向へ導くことができるのか、前向きに書く**ことが大切です。

また、受験する地域の現状についても理解が必要です。治安情勢や地域問題について、情報は収集しておきましょう。

- 正義や秩序を守る立場から考える
- 治安情勢など地域の問題について知っておく
- 自分なりの具体的な対策を提案する
- ネガティブなテーマでも前向きに論じる

【分類3】「私の思うこと」を問う出題の傾向と対策

●過去に出題された課題の例

・苦手なことを克服するために努力したこと（宮城県）
・これまでのあなたの経験で「心が動かされた」出来事を挙げ、そこから感じたこと、学んだことを述べなさい（山形県）
・あなたが良好な人間関係を維持する上で大切だと思うことを述べなさい（埼玉県）
・これまで最も緊張したことと、平常心を保つための自分流のやり方について、述べなさい（富山県）
・人と接する際に心掛けることについて（石川県）

●傾向

自分に関するテーマは、「社会に対して私が貢献したいこと」「私の好きな言葉」のような、人生観・価値観を問うものと、「失敗談とそこから得た教訓」「一番つらかったこと」などの経験から得た教訓を問うものの二つに大別できます。

どちらの場合も自分のことを書けばよいので、題材に困らないという点で安心しがちですが、経験を並べるだけではなく、自分の内面が伝わる文章になるように注意しなければなりません。

●対策

「人生観・価値観」を問うテーマの場合、注意しなければならないのは抽象論に陥りがちになることです。大きなテーマであればあるほど、**テーマを身近なところへ引き寄せて、具体的な経験を盛り込む必要**があります。

「経験から得た教訓」を問うテーマは、着目点さえ間違えなければ比較的書きやすいでしょう。求められているのは、「経験」ではなく「そこから得た教訓」です。**事実関係の説明ばかりでなく、伝えたいことに比重を置く**ようにしましょう。

いずれも、あなたがこれまでどう生きてきたか、どのような考えを持っているのかといった、あなた個人の内面が問われているのです。

- 抽象論にしない
- 単なる経験談に終始しない
- 自分を知らない第三者に伝わるように書く
- 自分のことだからこそ客観性を持つ

【分類4】 抽象的なテーマを問う出題の傾向と対策

●過去に出題された課題の例

・仕事をする意義（宮城県）
・なぜ罪を犯してはいけないのか、あなたの考えを述べなさい（山形県）
・警察官に高い倫理観（モラル）が求められる理由を説明した上で、あなたが警察官になった際にどのようにして倫理観を堅持していくかについて述べなさい（千葉県）
・周囲から信頼を得るために必要だと考えることを書きなさい（新潟県）
・「成長」について、自由に述べなさい（島根県）
・責任感（山口県）

●傾向

抽象的なテーマといっても警察官試験の論作文の場合、どこか警察官を連想させるテーマが多い傾向にあります。日常生活のなかで全方位にアンテナを向け、さまざまな情報を収集しておきましょう。

●対策

抽象的なテーマの特徴は、テーマから何を想像して発想し、それをどう表現するか。自由度が高い分だけ、知識や経験、想像力、発想力、表現力、そして具体性が試されるといえるでしょう。

また、課題を警察官に無理に結びつけて論じることはせず（たとえば「倫理観（モラル）」がテーマのとき、運転もしない、お酒も飲めないのに警察官と結び付けようとして飲酒運転を題材にするのは、よい戦略とはいえない）、自分が理解できる題材に落とし込んで書くことが大切です。

・日頃からアンテナを張って情報を得る
・想像力、発想力、表現力を大切にする
・抽象論や一般論にしない
・自分が理解できる題材に落とし込んで書く

第3章

できる小論文とは？

- 「小論文」の定義
- 小論文試験で試される能力
- 小論文試験のチェック項目
- STEP1
  文章を書く能力を身につける
- STEP2
  個性・パーソナリティをアピールする
- STEP3
  知識に裏づけられた文章を書く

本章では小論文試験において受験者の何が評価されるのかを説明し、「できる小論文」を明らかにします。

第3章　できる小論文とは？

●「小論文」の定義

小論文は「小さな論文」と書きますが、まさにそのとおりで、何かを論じてこそ「小論文」といえます。つまり、意見や感想を脈絡なくただ書いたとしても、小論文とはいえません[※]。したがって、そのような文章では小論文試験において合格点を取ることもできないのです。

> 小論文＝小さな、理論立てて書かれた文章

※小論文ではなく作文を課すところもあります。作文は理論立てた文章ではなく、受験者の経験に基づく意見や感想文に近いものといえます。

では、合格点の取れる小論文とはいったいどのようなものなのでしょうか。

本章では、小論文試験で受験者が何を試されているのかを確認するとともに、合格に近

づくための小論文のポイントや書き方のルールなど、「できる小論文」とは何かについて解説します。

ではさっそく、「できる小論文」のポイントを一つずつ分析していきましょう。

●小論文試験で試される能力

そもそも小論文試験は何のために課されるのでしょうか。

各警察本部によって多少の違いはありますが、小論文試験で試される内容は、次のとおりです。

> 小論文試験 ＝ 警察官として必要な文章による表現力、判断力、思考力等についての筆記試験

この「警察官として必要な文章による表現力、判断力、思考力等」とは、文章によって自分の考えを表現できるか、さまざまな事象に対して適切な判断を下すことができるか、さまざまな物事について自分の考えを持っているかといったことです。

要するに、**①文章を書く能力**、**②個性・パーソナリティ**、**③知識**――が問われているといえます。この三つをうまくアピールしてこそ合格点の取れる小論文を書くことができるのです。

では、それらが小論文試験においてどのように評価されているのか、具体的に見ていきましょう。

①文章を書く能力 → 形式面 でチェック！

②個性・パーソナリティ
③知識
→ 内容面 でチェック！

●小論文試験のチェック項目

形式面

- □ 原稿用紙を正しく使って書けているか？ → STEP1
- □ 誤字・脱字のない正しい文章が書けているか？ → STEP1
- □ 読みやすい字で丁寧に書けているか？ → STEP1
- □ 文章語（書き言葉）で書けているか？ → STEP1
- □ 文法的に正しく書けているか？ → STEP1
- □ 文章は読みやすく書かれているか？ → STEP1
- □ 文章の組み立てを考えて書かれているか？ → STEP1

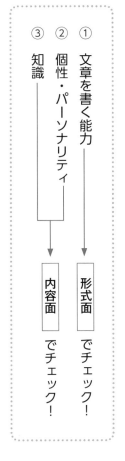

内容面

- □ 前向きな印象を与えるものになっているか？ → STEP2
- □ 警察官にふさわしい内面的資質が備わっているか？ → STEP2
- □ 自分の考えを明らかにして、独創的に論じているか？ → STEP2
- □ 職務に就くうえで必要な知識を有しているか？ → STEP3
- □ 出題の意図を正しく理解しているか？ → 第4章
- □ 文章の流れは一貫したものになっているか？ → 第4章
- □ 具体的な例を挙げるなどして、客観的に書かれているか？ → 第4章
- □ 問題点を明らかにして論じているか？ → 第4章
- □ 問題に対する具体的な解決策を提示できているか？ → 第4章

本章では、右に挙げたチェック項目を一つひとつクリアして、「できる小論文」を書き上げるために必要な技術と知識を探っていきます。

形式面にかかわる「①文章を書く能力」については本章STEP1で、内容面にかかわる「②個性・パーソナリティ」についてはSTEP2で、「③知識」についてはSTEP3と第4章で詳しく説明していきます。

STEP 1

文章を書く能力を身につける

1 原稿用紙に正しく書く

原稿用紙を正しく使って書けていなければ、減点の対象になります。正しい原稿用紙の使い方を復習しておきましょう。ただし、答案用紙の様式は、罫線が引かれただけのものや何もない白紙などさまざまです。

本書では、原稿用紙を基準にして説明していきますが、基本的に書き方のルールは変わりません。

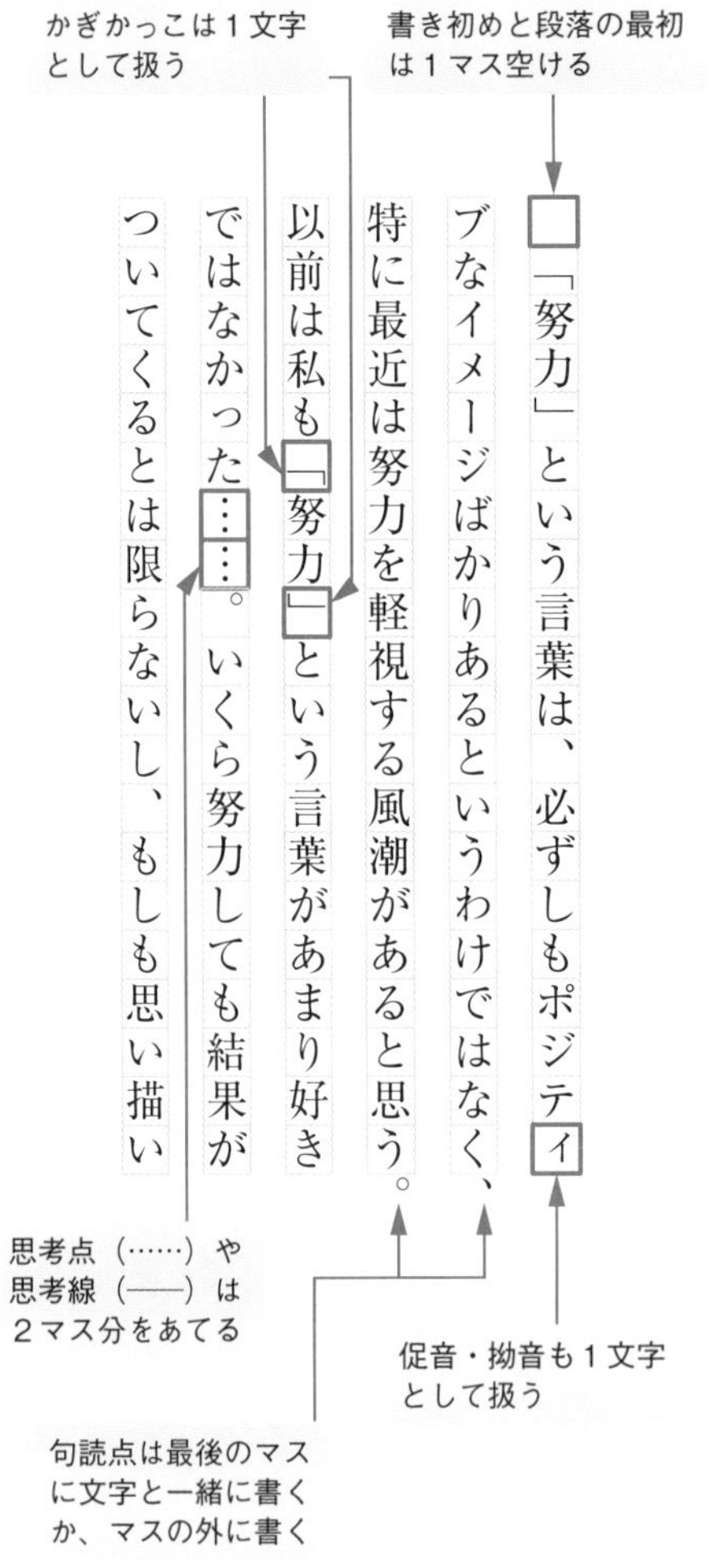

書き初めと段落の最初は１マス空ける
かぎかっこは１文字として扱う
「努力」という言葉は、必ずしもポジティ
ブなイメージばかりあるというわけではなく、
特に最近は努力を軽視する風潮があると思う。
以前は私も「努力」という言葉があまり好き
ではなかった……。いくら努力しても結果が
ついてくるとは限らないし、もしも思い描い
促音・拗音も１文字として扱う
思考点（……）や思考線（――）は２マス分をあてる
句読点は最後のマスに文字と一緒に書くか、マスの外に書く

2 正しい文章を書く

小論文試験において、誤字や脱字がある答案は論外です。必ず見直しをして、誤りがないようにしましょう。

また、読みにくい字やつづけ字、略字なども避けましょう。文章は、楷書で書くようにします。

〈誤字〉 × 保健を適用すべきだ。　○ 保険を適用すべきだ。

〈脱字〉 × 自分なり考えている。　○ 自分なりに考えている。

〈略字〉 × 人向性が問われる。　○ 人間性が問われる。

× 㐧一に思っている。　○ 第一に思っている。

〈書体〉 × 行政の責任となる。　○ 行政の責任となる。

3 文章語（書き言葉）で書く

小論文を書くにあたっては、流行語や略語、口語（話し言葉）を避け、文章語（書き言葉）を用いるようにしましょう。ふだんの会話で使っているような口語表現は、採点者に軽薄な印象を与えてしまう可能性があります。

〈流行語〉 × 超真剣に取り組んだ。 ○ とても真剣に取り組んだ。

〈略語〉 × TVには弊害がある。 ○ テレビには弊害がある。

× スマホは必要ない。 ○ スマートフォンは必要ない。

〈口語〉 × 大変だなぁと思う。 ○ 大変であると思う。

× 決まりだから、守るべきだ。 ○ 決まりなので、守るべきだ。

このほか、小論文試験で気をつけたいのが文体です。

小論文はあくまでも論文であり、何かを論じるという文章においては、「です・ます」調（敬体）よりも、「だ・である」調（常体）のほうがふさわしいといえるでしょう。

また、明らかに背伸びしたような理屈っぽい文体、エッセイ風の文体も避けましょう。小論文試験では、文学的な文章は要求されていません。むしろ論旨が分かりやすい手堅い文章のほうが採点者に良い印象を与えます。

- 文体は「だ・である」調で書く。
- 理論立てて素直に書くことを心がける。

4 文法的に正しく書く

小論文試験では、文法の誤りも減点の対象となります。文法上で間違いやすい例には次のようなものがあります。

〈助詞（て・に・を・は）の誤り〉　×　私が誠実でありたい。　○　は
〈動詞の不対応〉　×　私はその論を賛成する。　○　支持する
〈副詞の不対応〉　×　あえて深刻だ。　○　きわめて
〈主語・述語の不対応〉　×　法律の改善が必要とする。　○　される

また、「私が最近興味を持っているのは、スローライフという考えに興味を持っています。」といった、主語・述語が対応しない文章では、いったい何について論じているのかわかりにくいため、主語を明らかにすることも大切です。

● **呼応の副詞**

ある語句が前にあると、それに対して決まった語句が後ろにくることがあります。これを「呼応の副詞」といいます。呼応の副詞では、文末表現に気をつけるようにしましょう。

打消	とても～ない。
推量	たぶん～だろう。
打消の推量	よもや～まい。
疑問	なぜ～か。
仮定	もし～ならば
願望	どうぞ～ください。
比況《ひきょう》	まるで～ようだ。
断定	きっと～だ。

5 わかりやすく・読みやすく書く

わかりやすい文章の基本は「５Ｗ１Ｈ」がはっきりしていることです。つまり、「いつ」「どこで」「だれが」「何を」「なぜ」「どのように」したのかを、明らかにすることが大切です。

When	いつ
Where	どこで
Who	だれが
What	何を
Why	なぜ
How	どのように

さて、みなさんは次の文章を読んで、どのような印象を受けるでしょうか。

私の夢。それは警察官になること。地域の安全を守る。それはやりがいのある使命だ。だからこそ、努力するのだ。その夢の実現のために。

個性的な文章ではありますが、体言止めが多すぎますし、倒置法なども用いられ、読みやすい文章とはいえません。読みやすい文章を書くためには、文学的なテクニックを多用するのは避けたほうが無難でしょう。

- 体言止めを多用しない
- 倒置法を用いない
- 比喩表現を多用しない
- 長すぎる修飾語を用いない
- 一文を長くしすぎず、簡潔にまとめる

6 文章の組み立てを考えて書く

よほど理路整然とした思考の人でない限り、思いついたままを原稿用紙に書き始めたのでは、論旨があちらこちらへ飛躍したり、規定の文字数に収まらなかったりして、合格の基準に達する小論文にはなりません。

小論文では、あらかじめ文章の組み立てを考えて書く必要があります。文章構成にはさまざまなパターンがありますが、

① 「起→承→転→結」の四部構成
② 「序論→本論→結論」の三部構成

のどちらかにするのが、800字程度の小論文としては効果的でしょう。

①「起→承→転→結」の四部構成のパターン

起	問題提起	全体の10%
承	意見の提示	全体の30～40%
転	展開	全体の30～40%
結	結論	全体の10～30%

文章構成の「型」としてよく挙げられるのが、「起・承・転・結」の四部構成のパターンです。問題提起に始まり、第二段落で自分の意見を提示し、第三段落で話を展開して、最後の段落で結論を述べるという構成です。ただし、時間と字数に限りのある小論文試験では、話を展開して結論まで導くのは少し難しい場合もあります。

②「序論→本論→結論」の三部構成のパターン

序論	問題提起	全体の10～20％
本論	意見の提示	全体の40～70％
結論	結論	全体の20～40％

問題提起に始まり、意見を提示して結論に導く、というのがこのパターンです。小論文試験においては、もっともオーソドックスな型といえるでしょう。

このほか、結論から先に書き出すパターンなどもありますが、自分の考えを効果的にアピールするにはどのパターンが適しているか、個々のケースによって考える必要があります。小論文では、文章の構成が全体の印象を決めます。構成をしっかりと考えてから、文章を書くようにしましょう。

STEP 2

個性・パーソナリティをアピールする

小論文試験では、

① 文章を書く能力
② 個性、パーソナリティ
③ 知識

が問われていることは、前にも述べました（33ページ）。

では、その「個性、パーソナリティ」を小論文試験においてどのようにアピールしていけばよいのでしょうか。また、小論文試験で問われている「個性、パーソナリティ」とはいったいどのようなものなのでしょうか。

1 問われているのは内面的資質

個性やパーソナリティとは、個々人の人柄や価値観といったもののことです。「文は人なり」という言葉があるように、文章を見ればその人の人間性がわかるといいます。小論文をとおして、受験者は警察官に適した内面的資質を持っているかどうかを見られているのです。

個人の特性には良い点も悪い点もあるのが当然ですが、小論文は採用試験です。小論文では自分の良い点を採点者にアピールする必要があります。しかも、それを警察官として必要とされる内面的資質にからめることが、重要なポイントになってきます。

したがって、まずは警察官として必要とされている内面的資質とはどのようなものかを探っていきましょう。

前にも述べたように、小論文試験の内容は次のとおりです。

小論文試験 ＝
警察官として必要な文章による表現力、判断力、思考力等についての筆記試験
・さまざまな事象に対して適切な判断を下すことができるか？
・さまざまな物事についてしっかりとした考えを持っているか？

小論文試験で、自らに「判断力」や「思考力」があることをアピールしたいところです。

また、さまざまな物事に対するしっかりとした考えを持つには、「知識」が土台として必要になりますが、知識のアピールの仕方についてはＳＴＥＰ３で述べていきます。

●警察官としての資質

警察官に必要な資質をよく表しているのが、新たに警察職員となった者が署名して提出することが義務づけられている宣誓書です。次のように定められています。

私は、日本国憲法及び法律を忠実に擁護し、命令を遵守し、警察職務に優先してその規律に従うべきことを要求する団体又は組織に加入せず、何ものにもとらわれず、何ものをも恐れず、何ものをも憎まず、良心のみに従い、不偏不党且つ公平中正に警察職務の遂行に当ることを固く誓います。

また、警察職員の職務倫理及び服務に関する規則第二条二項の、警察官の職務倫理の基本も、内面的資質について考えるうえで手がかりとなるでしょう。

一　誇りと使命感を持って、国家と国民に奉仕すること。
二　人権を尊重し、公正かつ親切に職務を執行すること。
三　規律を厳正に保持し、相互の連帯を強めること。
四　人格を磨き、能力を高め、自己の充実に努めること。
五　清廉にして、堅実な生活態度を保持すること。

●採点者にアピールしたい特性

これまでの点をふまえると、採点者にアピールしたい特性がおのずと明らかになってきます。

- ●命令や規律に従う素直さ、従順さがある
- ●公平中正に職務を遂行することができる
- ●誇りと使命感を持って、国家と国民に奉仕する精神がある
- ●人権を尊重することができる
- ●人格を磨き、自己研鑽に務めることができる
- ●清廉で堅実な生活態度を保つ真面目さがある

また、職場でほかの人たちと一緒に働くうえで、

・一般常識がある　・論理的である　・協調性がある　・洞察力がある
・前向きである　・理解力がある　・積極的である　・視野が広い

といった内面的資質も評価の対象となります。

特に一般常識があることは、警察官として働くうえで不可欠な資質です。警察官の職務で基本になるのは、常識ある考え方なのです。

さて、ここまでで、採点者にアピールすべき特性について理解できてきたかと思いますが、逆に採点者にアピールするのは避けたい特性もあります。

●採点者にアピールを避けたい特性

× 自己中心的である　× 消極的である
× 無責任である　× 非常識である

たとえば、「責任について述べよ」という課題に対して、あなたに無責任なところがあるとしても、「私は無責任な人間である。」などと正直に書く必要はありません。「私は責任感を持つことが重要であると考える。」というように、前向きな姿勢をアピールするほうがよいでしょう。

もちろん、わざわざ自分の欠点を強調して書く人はいないでしょうが、人間性というものは言葉選びや行間からもにじみ出てしまうので、注意する必要があります。

2 独創性のある文章を書く

内容面にかかわるチェック項目（35ページ）の一つに、

自分の考えを明らかにして、独創的に論じているか？

というものがあります。小論文試験においては、自分の考えを自分の言葉で独創的に論じることができているかどうかが問われます。

たとえば、以下のような文章からは、受験者の個性やパーソナリティはおろか、独創性は感じられません。

× 問題意識に欠ける安易な考えを述べている
× 世間でよくいわれているような一般論をおおげさに述べている
× 抽象的な表現ばかりで具体的な解決策を述べていない
× 他人の考えの請け売りにとどまり、自分の立場がはっきりしない

小論文試験では「その人らしさ」が必要ですから、個性のない平凡な文章や他人の考え、請け売りでは好印象を与えることはできません。自分らしさの表現を心がけましょう。

STEP 3 知識に裏づけられた文章を書く

説得力のある文章を書くには、ある一定の知識が必要です。
次の例を見てみましょう。

A「交通事故での死者数は、年々減少しているそうだ。」

↔

B「二〇一九年の全国の交通事故死者数は約三千二百人で、統計開始以来最少となったが、その半数以上を高齢者が占めている。」

AとBの文章で、どちらがより説得力のある文章かといえば、「約三千二百人」という具体的な数字を挙げているBの文章であることは明らかです。
説得力のある文章を書くには、理由や根拠を具体的に示すことが重要であり、そのためには背景知識が必要になります。

文章を書く能力 ＋ 知識
↓
より説得力のある文章

●小論文試験に必要な背景知識

小論文試験の出題テーマを分類していくと、四つに分かれることは第2章で述べましたが、このうち【分類1】【分類2】【分類4】において背景知識が必要となります。

【分類1】「警察官として」を問う出題 → 自己分析・背景知識ともに必要
【分類2】警察にかかわる社会問題に関する出題 → 背景知識が必要
【分類3】「私の思うこと」を問う出題 → 自己分析が必要
【分類4】抽象的なテーマを問う出題 → 自己分析・背景知識ともに必要

【分類1】【分類2】は、警察官としての専門的な事柄についての背景知識、【分類2】【分類4】は、時事的な事柄についての背景知識が必要となります。広く知識を持っていると自分なりの意見が組み立てやすくなります。

次に、おさえておきたい背景知識をまとめましたが、日頃からニュースや新聞で情報収集と知識の修得を心がけましょう。

1 時事的な事柄についての背景知識

警察官採用試験の小論文試験では、時事的なテーマが出題されることはそれほど多くはありません。だからといって準備を怠ってよいということにはなりません。

一般的な社会問題として、おさえておきたいテーマには、以下のようなものがあります。

- 少子化について
- 高齢化について
- 格差社会について
- 地球温暖化などの環境問題について

○少子化

一般に出生率が低下して子どもが少なくなることを指して「少子化」といいます。『少子化社会白書』（平成16年度）によると、「少子社会」とは「合計特殊出生率が人口置き換え水準をはるかに下まわり、かつ、子どもの数が高齢者人口よりも少なくなった社会」と定義されています。

少子化の原因と日本の出生率

少子化の原因についてはさまざまな見解がありますが、女性の社会進出やライフスタイルの多様化による晩産化、無産化が進んだことが主な原因であるとされています。また、子どもの養育費の問題もかかわっているといわれています。

厚生労働省が2019年（令和元年）に発表した「人口動態統計」によると、合計特殊出生率（1人の女性が生涯に産む子どもの数の推計）は1.36です。

少子化社会対策基本法（平成15年施行）

2004年（平成16年）の少子化社会対策会議において、「少子化対策大綱に基づく重点施策の具体的実施計画について（子ども・子育て応援プラン）」が決定されました。これは少子化対策基本法に基づき、若者の自立、働き方の見直し、地域の子育て支援などを重点的な課題として施策と目標を策定したもので、次世代育成支援の行動計画も踏まえたものとなっています。

○高齢化と格差社会

総人口における高齢者（65歳以上の者）の占める割合を「高齢化率」といいます。日本では、少子化とともに高齢化が急速に進行しています。

超高齢社会と介護保険制度

高齢化率7～14％の社会を「高齢化社会」、14～21％の社会を「高齢社会」、21％以上を「超高齢社会」といいます。日本は1970年に高齢化社会に、1994年には高齢社会になり、2007年にはついに超高齢社会に移行しました。2020年の高齢化率は28.7％。今後も高齢化率の上昇が見込まれています。

老人介護を社会全体で支える介護保険制度は、2000年（平成12年）に発足しました。制度開始以来、要介護（要支援）認定者数は増加を続けています。2017年（平成29年）の改正では、介護を必要とする高齢者が住み慣れた地域で自立した生活を送れるようにする「地域包括ケアシステム」の強化に重きが置かれました。

格差社会

社会を構成する人々の階層間に経済的、社会的な格差が存在し、その階層間での移動が困難な社会のことを「格差社会」といいます。また、個人間では「所得格差」といい、近年、若年層での経済的格差が特に問題となっています。

地球温暖化

地球温暖化とは、大気や海洋の温度が年々上昇していくという現象で、生態系への影響や、海面上昇による被害が懸念されています。地球温暖化の原因となる温室効果ガスの排出量を抑制することが急務となっています。
→パリ協定

循環型社会

廃棄物を減らし、製品などの循環によって地球環境への負荷を少なくすることを目指す社会のことをいいます。循環型社会では、リデュース（消費抑制・生産抑制）、リユース（再使用）、リサイクル（再利用）の「３Ｒ」が推奨されます。

バイオ燃料

石油燃料の代替となることが期待されている燃料です。バイオ燃料はトウモロコシなどの生物体から生成されるため、二酸化炭素の排出量が抑制されるといわれています。

2 専門的な事柄についての背景知識

専門的な事柄、つまり警察官として働くうえで必要となる背景知識は、犯罪や事故に関することです。『警察白書』や『犯罪白書』などの統計資料に目を通し、現状と推移を頭に入れておくとよいでしょう。

○特殊詐欺

特殊詐欺の状況

特殊詐欺とは、電話やハガキ、メールなどを使って現金やキャッシュカードをだまし取る詐欺の総称です。

- オレオレ詐欺
- 架空料金請求詐欺
- 還付金詐欺
- キャッシュカード詐欺盗
- 金融商品詐欺
- 融資保証金詐欺
- ギャンブル詐欺
- 交際あっせん詐欺
- 預貯金詐欺
- その他特殊詐欺

2020年の特殊詐欺の認知件数は13,550件、被害額は285億2千万円で、認知件数・被害額とも減少傾向にありますが、高齢者を中心に被害が発生している点は変わりなく深刻です。

また、認知件数の約7割は大都市圏に集中しています。認知件数の過去最高値は、2017年の18,212件、被害額は2014年の565億5千万千です。

○交通事故

令和2年版『警察白書』によると、2019年の交通事故による死者数は3215人で、1948年の統計開始以来最少となりました。また、交通事故発生件数および負傷者数は15年連続で減少しています。

高齢運転者の事故を減らすための取り組み

1998年に道路交通法が改正され、70歳以上の人が運転免許証を更新する際には、高齢者講習を受講することが義務づけられました。70歳から74歳までは2時間の高齢者講習、後期高齢者と呼ばれる75歳以上は、認知機能検査と高齢者講習を受講する必要があります。また、交通事故防止の一環として、衝突被害軽減ブレーキやペダル踏み間違い時加速抑制装置等が搭載された安全運転サポート車の普及啓発も行われています。

自転車による交通事故

自転車による交通事故の件数は減少傾向にありますが、死者数の割合は高まっています。自転車は道路交通法上「軽車両」に位置づけられ、車両による交通事故なみの損害賠償請求を認めた判例もあり、自転車保険を義務化する自治体が増えています。また、事故原因の約3分の2は自転車利用者側の何らかの交通違反であることから、交通ルールの遵守やマナー向上を図るための交通安全教室などが積極的に行われています。

○子どもの安全について

刑法犯少年の検挙・補導人員は２０１５年以降減少していますが、ＳＮＳに起因する犯罪被害が目立つようになりました。また、児童虐待や悪質ないじめなども社会問題となっています。

ＳＮＳに起因する犯罪被害

スマートフォンが普及したことを背景に、ＳＮＳに起因する18歳未満の子どもの犯罪被害は近年増加傾向にあります。被害の多い順に、青少年保護育成条例違反、児童ポルノ、児童買春です。

児童虐待

18歳未満の子どもに対して保護者が行う身体的虐待、性的虐待、ネグレクト（養育放棄）、心理的虐待のことをいいます。児童相談所における児童虐待に関する相談対応件数は増加の一途をたどっており、そこには警察から児童相談所への通告の増加、児童相談所全国共通ダイヤル「189」（いちはやく）の通話料無料化などの要因があると思われます。2000年に児童虐待防止法が施行、2020年にR1児童福祉法等の一部改正が施行され、児童虐待防止対策が強化されました。

第4章

小論文を書くためのプロセス

- ブレインストーミング
- 構成を考えてメモにまとめる
- 書く
- 見直す

本章では、実際に小論文を書くにあたって必要な４つのプロセスを説明します。

第4章　小論文を書くためのプロセス

ここまで、小論文試験の過去問をひもとき、その傾向と対策、さらに「できる小論文」とは何かを見てきました。

それでは小論文は実際に、どのように書いていけばよいのでしょうか。

小論文試験ではテーマが与えられ、その課題に従って書いていくことになります。しかしここで、試験時間の開始と同時に原稿用紙に書き始めないよう注意しましょう。試験時間に制限があって焦る気持ちもあるでしょうが、原稿用紙にあわてて書き始めたとしても、〝書いては消し〟、〝書いては消し〟を繰り返すだけで、かえって時間の無駄になってしまいます。時間が制限されているからこそ、小論文試験では効率的に書く必要があるのです。

では、どうすれば効率よく書くことができるのでしょうか。

じつは、必要なのは、答案用紙に書き始める前の「下準備」なのです。具体的には、「ブレインストーミング」「構成を考える」「メモにまとめる」という作業です。

これらの作業が終わって初めて、原稿用紙に書き始めることができるのです。

そして、小論文試験では書きっぱなしは禁物です。書き終わったら、必ず文章を見直しましょう。

以上のことをまとめると、小論文を書くためのプロセスは次のようになります。

1 ブレインストーミング
↓
2 構成を考えてメモにまとめる
↓
3 書く
↓
4 見直す

この四つのプロセスを経て、小論文は完成するのです。

それでは続いて、それぞれのプロセスについて、どのような作業が必要とされるのかを見ていきましょう。

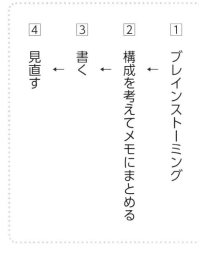

1 ブレインストーミング

小論文を書く際に最初にすべきなのが、「ブレインストーミング（brainstorming）」と呼ばれる作業です。

ブレインストーミングは、「集団発想法」と訳される会議の方法の一つで、五〜十人でアイデアを出し合い、検討して発展させていくことを意味します。

●ブレインストーミングとは

・集団発想法
・集団で会議をしてアイディアを出し合い、検討して発展させていく方法

しかし、小論文試験では実際に集団で会議を行うわけではありません。ここでいうブレインストーミングは、仮想世界のものです。自分の脳内で複数の視点からアイディアを出し、検討し、発展させていくということです。

個人の考えはひとりよがりなものになりがちです。そこで、いろいろな立場の意見を想定して検討する必要があるというわけです。

小論文のブレインストーミングは、一般的に次のような手順で行っていきます。

▼個人的な事柄に関する出題のブレインストーミング

①与えられたテーマについて、個人的な体験をいくつか抽出する
②いくつかの事例の中から、もっともテーマにふさわしいものを選ぶ
③複数のアイデアを出す
④個人的な体験を普遍的な問題へと発展させていく

▼時事的な事柄・専門的な事柄に関する出題のブレインストーミング

①与えられたテーマについて、定義を考える
②最初から立場を決めず、肯定（賛成）と否定（反対）の両面から考える
③複数の視点に立ってアイデアを出す
④問題の原因や結果、背景を考える
⑤問題の具体的な解決策を考える

●ブレインストーミングの前提条件となる背景知識

具体的には、どのようにブレインストーミングを行っていけばよいのでしょうか。

たとえば、小論文のテーマとして「高齢社会」が出題されたとします。その場合、まずは与えられたテーマについて、その定義をおさえておきましょう。そのためには「高齢社会」についての背景知識が必要です。背景知識がなければ、中身のある小論文は書けません。

（例）高齢社会

定義

総人口における高齢者（65歳以上の者）の占める比率（高齢化率）の高い社会。

事実

日本では２０２０年の65歳以上の人口は３６１７万人。

高齢化率は約28・７%。

２０００年に介護保険制度が発足し、老人介護は社会保険によって行われることになった。

問題

労働力人口の減少や社会保険料の負担増などが問題となっている。

● ブレインストーミング①　まずは書き出す

ブレインストーミングの第一段階です。まずは、「高齢社会」について思いつくことを書き出してみましょう。

この段階では、小論文で使えるか使えないかを考える必要はありません。納得がいかないことを書いてしまっても、消してきれいに書き直す必要もありません。とにかく、自分の頭の中にあるものをすべて書き出してみます。

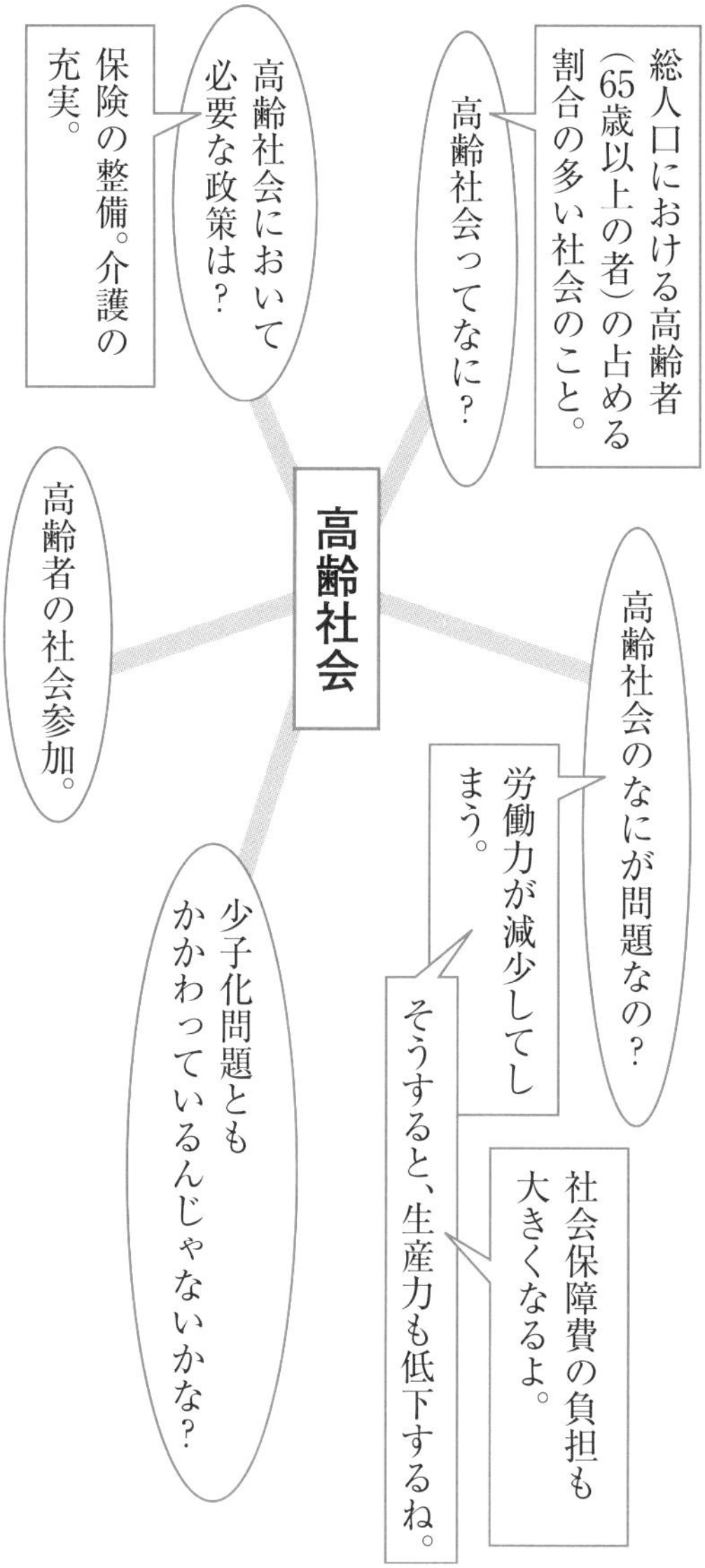
高齢社会
高齢社会ってなに？
総人口における高齢者（65歳以上の者）の占める割合の多い社会のこと。
高齢社会のなにが問題なの？
労働力が減少してしまう。
そうすると、生産力も低下するね。
社会保障費の負担も大きくなるよ。
高齢社会において必要な政策は？
保険の整備。介護の充実。
高齢者の社会参加。
少子化問題ともかかわっているんじゃないかな？

●ブレインストーミング② 問題点を絞る

ブレインストーミングの第一段階で、テーマについてのさまざまな考えや知識が出てくると思います。次に、小論文を書く際に使えそうな項目をピックアップして、問題点を絞ります。第二段階では、その切り口からさらにブレインストーミングを展開します。

ここでは、高齢社会の何が問題なの？という疑問を取り上げて、問題の原因や結果、背景を探っていきます。

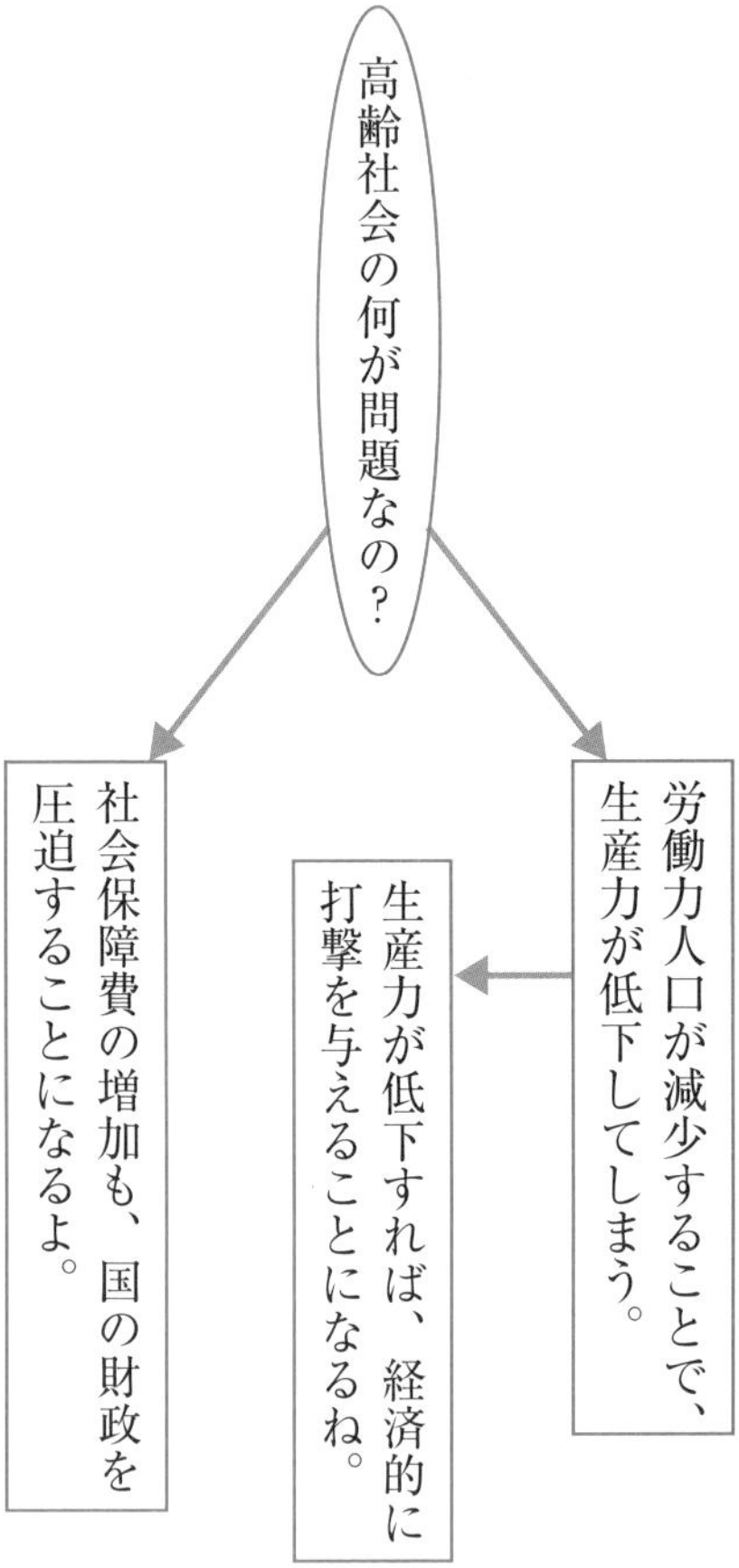
高齢社会の何が問題なの？
労働力人口が減少することで、生産力が低下してしまう。
生産力が低下すれば、経済的に打撃を与えることになるね。
社会保障費の増加も、国の財政を圧迫することになるよ。

●ブレインストーミング③　解決策を探る

ブレインストーミングの第二段階で、「高齢社会」の問題点が明らかになったと思います。するとと次に、では どうすればよいのか？ という疑問が出てくるはずです。

ここでは、「高齢社会の抱える問題を解決するためには、どうすればよいのか？」という疑問に答えるために、さらにブレインストーミングを進めて具体的な解決策を見つけていきます。

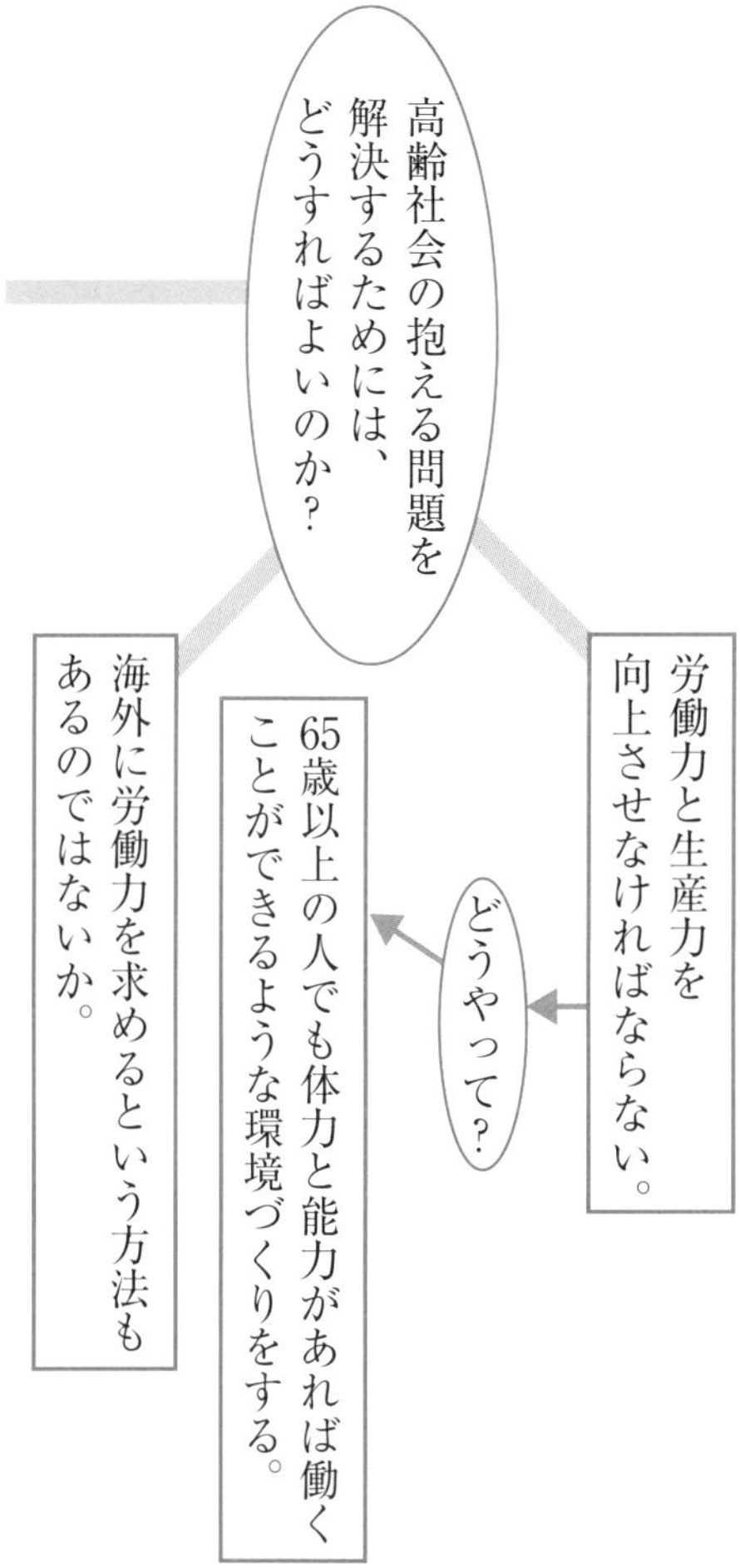
高齢社会の抱える問題を解決するためには、どうすればよいのか？
労働力と生産力を向上させなければならない。
どうやって？
65歳以上の人でも体力と能力があれば働くことができるような環境づくりをする。
海外に労働力を求めるという方法もあるのではないか。

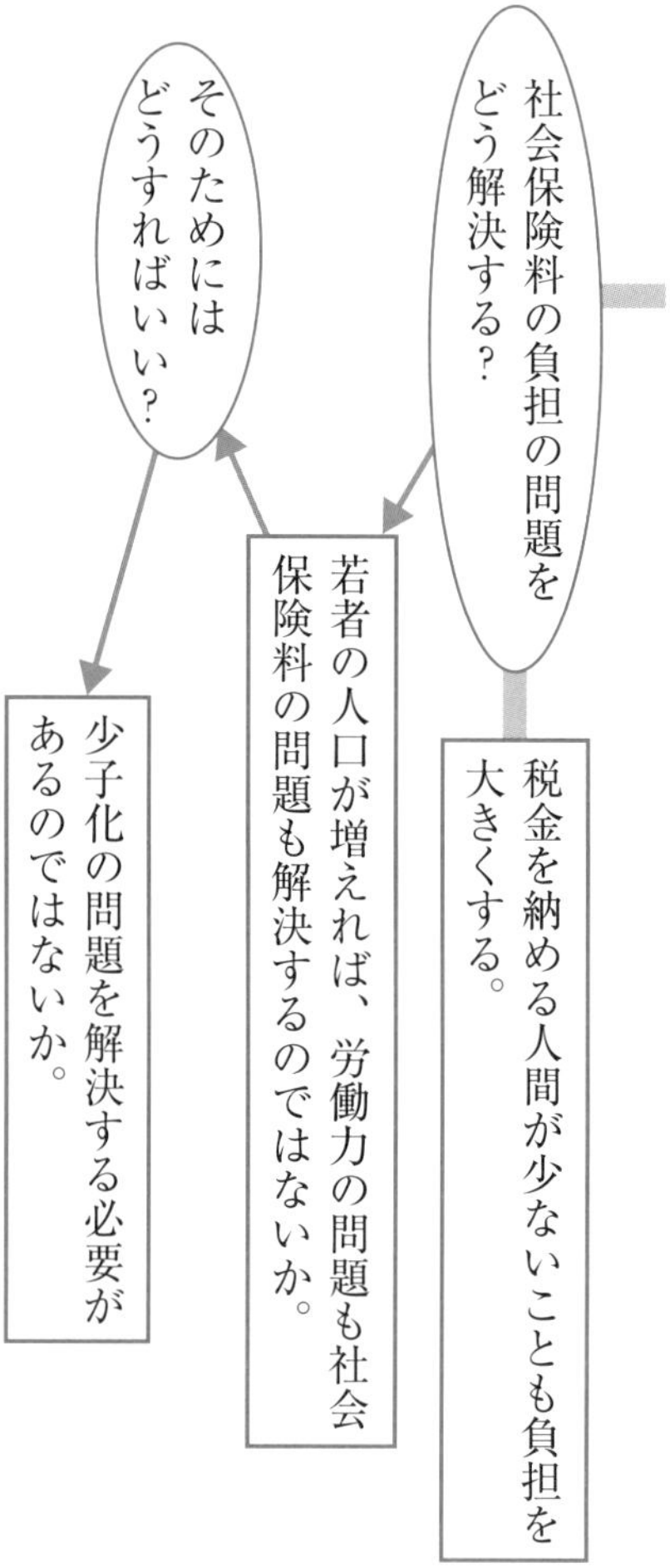
社会保険料の負担の問題をどう解決する?
税金を納める人間が少ないことも負担を大きくする。
若者の人口が増えれば、労働力の問題も社会保険料の問題も解決するのではないか。
そのためにはどうすればいい?
少子化の問題を解決する必要があるのではないか。

ここまでくれば、「問題提起」「展開」「結論」という小論文の流れのようなものが見えてきます。ブレインストーミングは、「○○とは何か?（定義）」「○○の何が問題となっているのか?（問題点）」「○○の問題を解決するにはどうすればよいのか?（解決策）」というような疑問を軸として、それに答える形で進めていくとよいでしょう。

そして、小論文では独創的な意見が書かれていることが重要なポイントになるので、ブレインストーミングの中から独創的なアイデアをピックアップするようにします。

●ブレインストーミングの方法

ここまでで、ブレインストーミングのやり方がほぼ理解できたと思います。

1. テーマについての背景知識をおさえる
2. ブレインストーミングを行う

   複数の視点からアイデアを出し、検討して発展させていく。
   - 「○○とは何か?」
   - 「○○の何が問題となっているのか?」
   - 「○○の問題を解決するにはどうすればよいのか?」

   を軸としてアイデアを出していく。

   ※このとき、独創的なアイデアを重視するようにする。
3. 「問題提起」「展開」「結論」という話の流れを見出す

以上のように、ブレインストーミングは、与えられたテーマをもとにアイデアを出していきながら、自分の考えをブラッシュアップさせていくうえで不可欠な作業なのです。

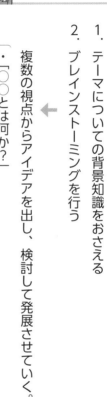

2 構成を考えてメモにまとめる

ブレインストーミングが終わったら、次は構成を考えながらメモにまとめます。

小論文試験において、内容面では次のような項目がチェックされているということは、前にも述べました。

●内容面での評価チェック項目

- □ 前向きな印象を与えるものになっているか？
- □ 警察官にふさわしい内面的資質が備わっているか？
- □ 自分の考えを明らかにして、独創的に論じているか？
- □ 職務に就くうえで必要な知識を有しているか？
- □ 出題の意図を正しく理解しているか？
- □ 文章の流れは一貫したものになっているか？
- □ 具体的な例を挙げるなどして、客観的に書かれているか？
- □ 問題点を明らかにして論じているか？
- □ 問題に対する具体的な解決策を提示できているか？

これらのことが評価の対象になるのだということを念頭に置いたうえで、何をどのように書いていくのか、という構成を考えていきます。

● 文章の構成

文章の「起→承→転→結」の四部構成か、「序章→本論→結論」の三部構成にするとよいでしょう。

①「起→承→転→結」の四部構成のパターン

第一段落	**起**	**〈問題提起・話題の提示〉** 「○○のためにはどうすべきなのか。」 「○○について、考えてみたい。」	全体の10%
第二段落	**承**	**〈意見の提示〉** 「私は、△△と考える。」	全体の30〜40%
第三段落	**転**	**〈展開〉** 「なぜなら〜〜だからである。」 「しかし、××ということもある。」	全体の30〜40%
第四段落	**結**	**〈まとめ〉** 「よって、私は□□と考える。」	全体の10〜30%

②「序論→本論→結論」の三部構成のパターン

第一段落	**序論**	**〈問題提起・話題の提示〉** 「○○とはどういうことか。」 「○○について、考えてみたい。」	全体の10〜20％
第二段落	**本論**	**〈意見の提示〉** 「私は、△△と考える。」 「なぜなら〜〜だからである。」	全体の40〜70％
第三段落	**結論**	**〈まとめ〉** 「よって、私は□□と考える。」	全体の20〜40％

四部構成でも三部構成でも、最初の段落で、これから何について論じていくのかを明らかにします。続く段落で自分の意見とその根拠を提示し、最後の段落で結論を述べる、というのが大まかな流れです。これが、小論文としてはもっともオーソドックスな構成パターンといえるでしょう。

また、構成を考えてメモにまとめる際には、それぞれの段落の分量についても意識する必要があります。各段落の目安を示しておきましたので、参考にしてください。

● 構成を考える

では、先ほどブレインストーミングを行った「高齢社会」というテーマについて、構成を考えてみましょう。

背景知識

・総人口における高齢者（65歳以上の者）の占める比率（高齢化率）の高い社会。
・日本では、２０１２年に65歳以上の人口が３０００万人を突破。
・家族の負担を軽減し、介護を社会全体で支えることを目的に、２０００年に介護保険制度が創設。老人介護は社会保険によって行われることになった。

ブレインストーミングで出たアイデア

問題点

・高齢社会の何が問題なのか？
↓
「労働力人口が減少することで生産力も低下する。」
↓
「生産力の低下は経済に打撃を与える。」
↓
「社会保障費の増加が、国の財政を圧迫する。」

・高齢社会が抱える問題を解決するにはどうすればいいのか?
↓「労働力と生産力を向上させなければならない。」

解決策

「65歳以上の人でも体力と能力があれば働けるような環境づくりをする。」
「若い労働力を確保する。」
「社会保障費の財源を確保する。」

結論

「少子化問題を解決していく必要がある。」

ブレインストーミングの結果から、「高齢社会が抱える問題を解決するにはどうすればいいのか?」ということを問題提起とし（序論）、続いて問題を解決するための方策として考えたことを自分の意見として書き（本論）、最後に高齢社会が抱える問題を解決するためにすべきことを述べる（結論）、という「序論→本論→結論」の三部構成の形にまとめることができそうです。

●メモにまとめる

以下のような構想を、メモにまとめていきます。

1　序章

高齢社会の何が問題なのか？

↓労働力人口が減少、経済活動の停滞、社会保障費の増加

高齢社会が抱える問題を解決するにはどうすればいいのか？

2　本論

労働力と生産力を向上させなければならない。

65歳以上の人でも働けるような環境づくりをする。

社会保障費の財源を確保する。

3　結論

どうすればよいか？

少子化問題を解決していく必要がある。

●メモにまとめるときの注意点

メモはあくまでも自分のための覚え書きです。自分がわかればよいので、細かく丁寧に書いて時間を使う必要はありません。大まかな流れと、各段落に何を書くかがわかるようにまとめましょう。メモには最低限、次の二つは記入する必要があります。

- 段落番号
- 各段落の大まかな内容

さらに、このとき、次のことを確認しましょう。

- 出題の意図からはずれていないか？
- 文章の流れはよいか？
- 文章の流れに関係のない事例がまぎれこんでいないか？
- 事例を挙げるだけでなく、自分の意見や考えが書けているか？
- 問題を取り上げた場合、具体的に解決策を示せているか？

3 書く

ブレインストーミングを行い、構成を考えてメモにまとめることができたら、形式面でのチェック項目に注意しながら、実際に原稿用紙に書き始めましょう。

●形式面でのチェック項目

- □ 原稿用紙を正しく使って書けているか？
- □ 誤字・脱字のない正しい文章が書けているか？
- □ 読みやすい字で丁寧に書けているか？
- □ 文章語（書き言葉）で書けているか？
- □ 文法的に正しく書けているか？
- □ 文章は読みやすく書かれているか？
- □ 文章の組み立てを考えて書かれているか？

書くという作業は、意外に時間のかかるものです。ふだん手書きで文章を書くことの少ない人なら、なおさらそのように感じるでしょう。自分が原稿用紙一枚を書きあげるのにどれくらいの時間がかかるのか、あらかじめ把握しておく必要があります。指定の字数の八割は書かないと減点の対象になるので注意しましょう。

● 文章の書き出し

文章の全体の印象を決めるうえで重要になるのが書き出しの部分です。書き出しで問題提起や話題の提示をする方法には、次のようなパターンがあります。

● 問題提起で始めるパターン

「○○のためにはどうすべきか」といった文章で始まるもので、もっとも基本的なパターンです。

● 自分の体験とからめて語り始めるパターン

時事的な事柄、専門的な事柄に関する出題には向きませんが、個人的な事柄に関する出題の際には有効です。

● テーマに関する背景知識や定義を述べるパターン

テーマが難解なものやあいまいなもの、なじみのうすいものなどの場合に効果的です。

● テーマに対して逆説的なことを言って始めるパターン

世間一般の意見とは逆と思われる意見を提示することで、注意を引きつけることができます。ただし、うまく結論に結びつけることができないと、ただ非常識な印象を与えるだけで終わってしまうことになります。

4 見直す

最後の作業は見直しです。内容面（70ページ）と形式面（77ページ）に挙げたチェック項目に従って見直しましょう。

さて、ここまで小論文を書くための四つのプロセスについて説明してきましたが、小論文試験の制限時間はたいてい60分間です。この四つのプロセスのそれぞれにどれくらいの時間をかけるのか、時間配分を考えて取り組むことが重要です。

●時間配分の例

① ブレインストーミング	15分程度
② 構成を考えてメモにまとめる	20分程度
③ 答案用紙に書く	20分程度
④ 答案を見直す	5分程度

小論文の書き方が理解できたら、実際に書いてみましょう。第5章と第6章では、実践編として過去に出題された小論文試験に取り組んでいきます。

第5章

例題

› STEP1
› STEP2
› STEP3

本章では、小論文試験の頻出テーマ※を取り上げて、高得点をねらえる小論文を書くために必要な事項を具体的に説明します。

※「テーマ」は表記や文章量を整えるために一部改変している場合があります。

警察官として何をしたいか

悪い例

❶最近は、犯罪が多発し、住民の安全がおびやかされるようになってきた。
道端にごみを捨てる人や、❷喫煙場所でないのに喫煙している人を見ても❸、注意したら何をされるかわからないので、見て見ぬフリをするしかなく、本当にイヤな世の中になってきた。

　こうしたなかで、警察官の役割は、ますます大きくなっているといえる。犯罪を取り締まるのはもちろんだが、犯罪を未然に防ぐ努力も欠かせない。

そのためには、地域に溶け込み、住人たちと気軽に声をかけ合えるような、❹信頼され、親しまれる関係を築くことが大切だと思う。

評価

構成	用法・語法	個性
C	B	B

小論文では自分の考えたことを正しく書き、意見や主張を論理的に伝えることが大切。何をしたいかを問われているので、それをしっかりと頭に入れて書き進めたい。

❶ 書き始めは一字下げる。

❷ 「禁煙場所で」としたほうが、よりマナー違反が強調され、自分の主張も明確になる。

❸ 句読点は行頭に書かない。

❹ 後述の文章が親しまれる関

警察官というと、どことなく恐くて近寄りがたい⑤——というイメージを抱かれるが、住民と接する時は、ていねいな対応を心がけ、言葉遣いや態度にも十分注意を払うといいだろう⑥。また、子供やお年寄りには、特にこちら側から声をかけるなど、ふれあいを密にするといいだろう⑦。いわゆる弱者といわれる、こうした人たちが犯罪に巻き込まれるケースが多くなっているが、弱者を卑劣な犯罪から守ることは、地域にぬくもりを与えることになり、明るい社会を築く第一歩になると思うからだ。

しかし、こうしたことだけでは、信頼される警察官とはいえない。信頼されるためには、「犯罪は決して許さない」という毅然とした態度を身につけることも重要だ。しっかりとした正義感を持ち、「困った時は、助けてくれる」と、地域の人たちから頼りにされるよう、心の中も常に磨いていきたいものだ⑧。

そして、地域の安全が守られ、そこに住む人たち同士のコミュニケーションが十分図られ、明るく生き生きとした町づくりに、私が少しでも貢献することができたら、私的には⑨、とても幸せなことだと思う。

係から信頼される関係へと続くので、ここも「親しまれ、信頼される関係」とすると流れとして自然になる。

⑤思考線（——）や思考点（……）は二字分あてる。

⑥⑦⑧受験者がまるで第三者になったような表現になっている。

⑨話し言葉ではよく聞かれる表現だが、論作文には原則として使用しない。

良い例

最近は犯罪が多発し、住民の安全がおびやかされるようになってきた。

道端にごみを捨てる人や、禁煙場所で喫煙している人を見かけても、注意したら何をされるか分からないので、見て見ぬふりをするしかないのは、社会にとってあまり良い傾向とは言えない。

こうしたなか、警察官の役割はますます大きくなっている。犯罪を取り締まるのはもちろんだが、犯罪を未然に防ぐ努力も欠かせない。そのためには、地域住人たちと気軽に声をかけ合えるような、親しまれ、信頼される関係を築くことが大切だと思う。

解答例から学ぶ

レベルアップ講座

ここがポイント

原稿用紙に正しく書く

原稿用紙の使い方にはルールがある。書き始めと段落の始めは一字下げる。読点、や句点。やかぎかっこ「」は一文字分とするのが決まり。文が行の最後のマス目で終わるときは、文末の処理に注意。読点、句点、かぎかっこは次の行に送らず、最後のマス目に文字と一緒に入れる。

ここもチェック

小論文に題名は書かない

小論文は、一般的な作文などと違い、原稿用紙の一行目に題名を書く必要はない。一行目から書き始める。また、感嘆符（！）や疑問符（？）などの記号類は使用しない。一人称は「僕」「俺」などは使わずに、「私」を使う。

警察官というと、どことなく怖くて近寄りがたい——というイメージを持たれがちなので、住民と接する時は、ていねいな対応を心がけ、言葉遣いや態度にも十分注意を払うようにしたい。また子供やお年寄りには、特にこちらから声をかけ、ふれあいを密にしようと思う。いわゆる弱者といわれる、こうした人たちが犯罪に巻き込まれるケースが多くなっているが、弱者を卑劣な犯罪から守ることが地域にぬくもりを与えることになり、明るい社会を築く第一歩になると思うからだ。

しかし、こうしたことだけでは、信頼される警察官とは言えない。信頼されるためには、「犯罪は決して許さない」という毅然とした態度を身につけることも重要だ。正義感を持ち、「困ったときは助けてくれる」と、地域の人たちから頼りにされるよう、心の中も磨いていきたい。

そして、地域の安全が守られ、そこに住む人たち同士のコミュニケーションが十分図られ、明るく生き生きとした町づくりに、私が少しでも貢献することができたら、社会にとっても私にとっても幸せなことだと思う。

応用

例題で練習しよう

警察官としての抱負／警察官としての夢／なぜ警察官を志望するのか／記憶に残る警察官／理想的な警察官とは

今、警察官に求められているもの

悪い例

警察官としての資質――。今、警察官に求められているのは、それではないでしょうか。❶

最近、警察官による酒気帯び運転が繰り返されたり、わいせつ行為の現行犯で警察官が逮補❷される事件などが、よく報道されている。❸警察官だけではない。放火、談合など、公務員による不祥事が多発している。

このような報道を目にするたび、やり場のない怒りを覚えずにはいられない。市民の安全を守るべき立場にあるはずの警察官による不祥事は、市民の信頼を裏切るものであり、警察組織そのものに泥を塗ることでもある

評価

構成	用法・語法	個性
A	B	A

文末が「である」調になっていない点が残念だが、警察官の不祥事に焦点を絞り、自分の考えを簡潔にまとめている。誤字が目につくが、推敲の段階で見つけられるよう知識をたくわえたい。

❶ 小論文の場合、語尾は「だ・である」調にするのが原則。

❷ 誤字は厳禁。

❸ 事実ではあるが、他の公務員にまで話を広げると視点がぼやけてしまう。警察官について思うことに焦点を絞ってまとめてみよう。

からだ。

こうしたことが今後も繰り返されるようなら、警察の威信は完全に失墜してしまうだろう。「税金のムダ❹遣いだ。民間の警備会社に警備を頼んだほうがましだ」などと言われるようになったらおしまいだ。

❺1人の警察官の過ちは、警察そのものの過ちであると言っても過言ではない。悪事に❻身を染めた当事者以外の警察官も、このことをしっかりと受け止めなければならないと思う。自分と同じ立場にある者がこのような不祥事を起こしたことを恥として、警察の威信を取り戻すために日々精進してほしい。

❼市民の安全を守るため、警察官には、一般人に認められていない権限が与えられている。だからこそ、警察官は、そのような立場にふさわしい資質を備えた人❽间でなくてはならないと思う。

❾私は警察官にふさわしい人間になれるよう、警察が起こした不祥事の数々を反面教師とし、精神修養に励みたいと思う。

---

❹ 一般的に漢字で書く言葉は漢字で、漢字で書かない言葉はひらがなで書くようにする。

❺ 縦書きのとき、数字は漢数字で書く。

❻ あることをし始めるという意味の「手を染める」が正しい。

❼ 拳銃所持、職務質問など、具体例をあげながら書くと説得力が増して、よりよい文章になる。

❽ 略字は使わず、楷書で正しく書く。

❾ 何か実践していることがあるなら具体例をあげよう。ただ「思っている」のと、何か実践しているのでは、後者のほうが圧倒的に説得力がある。

良い例

今、警察官に求められているもの——それは、警察官としての資質ではないだろうか。

最近、警察官による酒気帯び運転が繰り返されたり、わいせつ行為の現行犯で警察官が逮捕される事件などが、よく報道されている。

このような報道を目にするたび、やり場のない怒りを覚えずにはいられない。本来、市民の安全を守るべき立場にあるはずの警察官による不祥事は、市民の信頼を裏切るものであり、警察組織そのものに泥を塗ることでもあるからだ。

解答例から学ぶ

レベルアップ講座

ここがポイント

「だ・である」調に揃える

日本語の文体は、「だ・である」調で終わらせる「常体」と、「です・ます」調で終わらせる「敬体」がある。小論文は、明確かつ簡潔に主張を伝える必要があるので、語尾は「だ・である」調で統一しよう。

ここで差がつく

数字の表記に注意

縦書きの場合、数字は漢数字を使うのが原則。書き方のルールを守ろう。

× 16歳　○ 十六歳

× 1年生　○ 一年生

× 1位　○ 一位

こうしたことが今後も繰り返されていくようなら、警察の威信は完全に失墜してしまうだろう。「税金の無駄使いだ。民間の警備会社に警備を頼んだほうがましだ」などと言われるようになったらおしまいである。

一人の警察官の過ちは、警察そのものの過ちであると言っても過言ではない。悪事に手を染めた当事者以外の警察官も、このことをしっかりと受け止めなければならないと思う。自分と同じ立場にある者がこのような不祥事を起こしたことを恥として、警察の威信を取り戻すために日々精進してほしい。

市民の安全を守るため、警察官には、拳銃所持や職務質問など一般人に認められていない権限が与えられている。だからこそ、警察官は、そのような立場にふさわしい資質を備えた人間でなくてはならないと思う。

私は警察官にふさわしい人間になれるよう、警察が起こした不祥事の数々を反面教師とし、幼少より続けている剣道を通して精神の鍛練を行い、精神修養に励みたいと思う。

応用

例題で練習しよう

警察官としての誇り／今の警察官に対して思うこと／これからの警察官はどうあるべきか／今、警察官が抱えている課題

交番の役割

悪い例

KOBAN、すなわち交番は世界中で使われている日本語だと❶聞いたことがある。この、外国でまねをされているKOBANという存在から、警察に求められるさまざまなものが読み取れると❷私は考えているのだが、どうだろうか。

私は外国にあるKOBANの写真を見たことがあるが、そこから受けるイメージでは、KOBANの条件とはまず第一に、日本と同じように、町の一角にある小さめの、だが一目でそれとわかる建物の中に常に何人かのお巡りさんがいるというものだった。また、❸いまいち❹記憶があいまいな

評価

構成	用法・語法	個性
B	C	B

KOBANが世界の共通語となっている事実に基づいて書いているのはよいが、やや評論家的な視点が気になる。また事実関係があいまいな箇所があるため、説得力に欠けるものになっている。

❶ どこで知ったのか情報源を明記したいところ。

❷ 文末を問いかけにすると、自分の意見に自信がないと受け取られてしまう。

❸「いまいち」は話し言葉なので、「いまひとつ」とするか、削除する。

のだが、写真のKOBANのドアは、開け放たれているか、ガラスの面積が大きい❺解放的な造りになっていたと思う。

どうしてこういうことをするかというと、KOBANとは、そのKOBAN周辺の人たちが、何か事件に遭遇してしまったときや困ったときに、物理的にも心理的にもすぐに駆け込める場所でなくてはならないからだと思う。

とすれば、本家本元の日本の交番に求められるのは、日本中に数多く設置してあり、市民が気軽に立ち寄れる造りにしてあるというだけでなく、その中にいる警察官の質の高さだと思う。たとえば、❻交番を訪ねてきたあらゆる人に親切で、社会で起きる❼様々な事件に素早く対応できる能力を持つ警察官が、個々の交番にいることが大切なのだと思う。❽そうすれば、交番は警察と市民の間の信頼関係を深める役割も果たすのだと思う。

---

❹「記憶があいまい」という記述それ自体が問題。あやふやな事実やデータは、むしろ取り上げない方がよい。

❺「解放」は何かの制約から解き放たれるときに使う。同音異義語に注意。

❻この文章は「交番」が重複している。

❼第一段落では「さまざま」と表記しているので、書き方を揃えるほうが望ましい。

❽「そうすれば」とすると、理想の交番が日本において も実現していないことを批判しているようにも解釈できる。

良い例

　警視庁のホームページで見たのだが、ＫＯＢＡＮは国際語として認められているという。この、外国でまねをされているＫＯＢＡＮという存在から、警察に求められるさまざまなものが読み取れると私は考えている。

　私は外国にあるＫＯＢＡＮの写真を見たことがあるが、そこから受けるイメージでは、ＫＯＢＡＮの条件とはまず第一に、日本と同じように町の一角にある小さめの、だが一目でそれとわかる建物の中に常に何人かのお巡りさんがいるというものだった。また、写真のＫＯＢＡＮのドアは開け放たれているか、ガラスの面積が大きい開放的な造りになっていたと思う。

解答例から学ぶ
レベルアップ講座

ここがポイント **話し言葉はＮＧ**

「いまいち」は、話し言葉（口語）なので、小論文では使わない。「いまいち」は「いまひとつ」とするなど、きちんと書き言葉（文語）で記述しよう。同様に、「〜だから、こう思う」は、「〜なので、こう思う」と記述する。

ここで差がつく **情報源を示して説得力のある文章に！**

事実やデータをとりあげるときは、情報源を示すことで文章の説得力が増すことを覚えておこう。「ＫＯＢＡＮ、すなわち交番は世界中で使われている日本語だと聞いたことがある」と、「警視庁のホームページで見たのだが、ＫＯＢＡＮは国際語として認められているという」という文章を比べてみると、どちらに説得力があるかは一目瞭然だ。根拠を具体的に示すた

どうしてこういうことをするかというと、ＫＯＢＡＮとは、そのＫＯＢＡＮ周辺の人たちが、何か事件に遭遇してしまったときや困ったときに、物理的にも心理的にもすぐに駆け込める場所でなくてはならないからだと思うのだ。私も交番で道をたずねたことが何度かあるが、交番が閉鎖的な造りだったら、聞くのをためらってしまっただろう。気軽に利用できることが交番のありがたさである。

とすれば、本家本元の日本の交番に求められるのは、日本中に数多く設置してあり、市民が気軽に立ち寄れる造りになっているというだけでなく、その中にいる警察官の質の高さだと思う。たとえば、訪ねてきたあらゆる人に親切で、社会で起きるさまざまな事件に素早く対応できる能力を持つ警察官が、個々の交番にいることが大切なのだと思う。こうすることで、交番は、警察と市民の間の信頼関係を深める役割を果たしているのだと思う。交番に勤務することになったときには、ささいな用事でも市民が気軽に利用できるように、市民に信頼を与える警察官になるべく、努力したいと考えている。

めにも、試験前にあらかじめ関連するデータを調べ、頭に入れておくことも大切。

応用 例題で練習しよう

交番と犯罪の防止／夜間の交番に求められること／繁華街の交番／交番のお巡りさん／パトロールすることの意義

警察官に必要な資質

悪い例

警察官に求められる資質とは何だろうか。

犯罪者を取り締まるのが仕事なのだから、まずは正義感だろうか。それとも、今後は高齢者の人口が増えるから、丁寧❶に優しい態度だろうか。❷いや、日本に住む外国人が増えてき❸てるから、ある程度の外国語の知識だろうか。❹どれもこれも大切なことだと思うのだが、もっと基本的な資質ではないかと思っているものが一つある。それは、体力だ。

なぜ、そう考えるかというと、体力がなく、疲れやすいと、集中力がとぎれてつまらないミスをしそうになったり、他人❺への態度が悪くなったり

評価

構成	用法・語法	個性
B	B	A

視点は個性的なものになっているが、そこからスムーズに自己アピールにつなげるところまでは至ってない。自分の主張を深く考え、さらにもう一歩ふみこんで書いてみよう。

❶ 助詞（て・に・を・は）の選び方は正しく！

❷ 直前の文頭に「それとも」があり、第一文の内容を否定する選択肢を提示しているので、ここで同様の役割を果たす「いや」があると、文脈が混乱する。

する具体例を身近に見ているからだ。私の姉は看護士❻をしている。実はこの姉が、職業のわりに体力がない。夜勤明けなどで疲れて家に帰ってくると、私や母に、父も真っ青なとてもつっけんどんな言葉を浴びせるのだ。❼そして睡眠をとって機嫌がよくなると、今度はあれこれしゃべりだし、眠❽くて患者さんに使った注射針を取り落として自分の体に刺してしまうところだったなどという恐ろしいことを言ったりする。

これを、警察官の仕事に置き換えたらどうなるだろうか。眠かったり、疲れていたりでイライラしていると、道を尋ねてきた人に横柄な態度をとってしまったり、事件が起きたときの対処法で判断ミスをおかしたり、誤った対応をしてしまうかもしれない。逆に体力があり、自分の気持ちにも余裕があれば、正常な判断力と他人への優しさを持ち続けることができるのではないかと思う。❾だからこそ、私は警察官の資質として最も重要なものとして、自分の長所でもある体力をあげたいと思う。

---

❸話し言葉なので、「きている」に修正。

❹「どれもこれも」はあまりよくないものを指すときに使う。

❺「に対する」としたほうが対象がはっきりする。

❻間違いやすい漢字には注意。

❼意味がわかりづらい。父親の話し方を知らない第三者には通じない。

❽事実であっても、取り上げる例としては不適切。

❾「と思う」が連続している。「長所」の用い方が唐突。

良い例

警察官に求められる資質とは何だろうか。

犯罪者を取り締まるのが仕事なのだから、まずは正義感だろうか。それとも、今後は高齢者の人口が増えるから、丁寧で優しい態度だろうか。はたまた、日本に住む外国人が増えてきているから、ある程度の外国語の知識だろうか。みな大切なことだと思うのだが、もっと基本的な資質ではないかと思っているものが一つある。それは、体力だ。

なぜ、そう考えるかというと、体力がなく、疲れやすいと、集中力がとぎれてつまらないミスをしそうになったり、人に対する態度が悪くなった

解答例から学ぶ

レベルアップ講座

ここがポイント

助詞と接続詞は正しく使う

小論文試験では、減点につながることのないよう文法は正しく使うようにしたい。助詞の「てにをは」が一文字間違っているだけで、わかりにくい文章になってしまう。

（誤）導入を賛成 ← （正）導入に賛成

（誤）夢がつかむ ← （正）夢をつかむ

また、接続詞は文と文をつなぐ役割を担い、次の文章の行き先を示して文章の流れを整える働きをするものである。小論文のような論理的な文章を書くうえで、重要なパーツともいえる。接続詞を正しく上手に使うことで読みやすい文章になり、反対に使い方を間違えるとわかりにくい悪文にもなってしまうので注意が必要だ。

りする具体例を身近に見たことがあるからだ。私の姉は看護師をしている。実はこの姉が新人の頃、職業のわりに体力がなかったため、夜勤明けなどで疲れて家に帰ってくると、私や母に、日頃からつっけんどんな物言いをする父も驚くほどの言葉を浴びせるのだ。そして睡眠をとって疲れがとれると機嫌が良くなり、今度はあれこれしゃべりだすのだ。現在では仕事に慣れ、体力もついたが、姉の姿を見て体力の大切さを実感した。

これを、警察官の仕事に置き換えたらどうなるだろうか。眠かったり、疲れていたりでイライラしていると、道を尋ねてきた人に横柄な態度をとってしまったり、事件が起きたときの対処法で判断ミスをおかしたりと誤った対応をしてしまうかもしれない。逆に体力があり、自分の気持ちにも余裕があれば、正常な判断力と他人への優しさを持ち続けることができるのではないか。その意味で体力は、警察官の資質として最も重要なものの一つだと思う。私は体力にそれなりの自信を持っているが、さらにみがきをかけたい。

ここで差がつく
適切な例を選択する

看護師をしている姉を反面教師としている点は個性的だが、この文章を読んだ人は、それこそ受験者の姉の看護師としての「資質」を疑うのではないか。新人の頃はそうだったが、現在では仕事にも慣れ、励んでいるなどのフォローをしよう。

応用
例題で練習しよう

こんな警察官に、私はなりたい／警察官に必要な努力／警察官としての責任／警察官が果たすべき使命／警察官にふさわしい人とは

STEP 1 文章は読みやすく書く①

私のあこがれ

悪い例

❶私の子どもの頃からのあこがれは、制服姿の警察官だ。なかでも一番のあこがれは白バイ隊だ。大人になった今、テレビの特番などで、その活動の様子を紹介しているのを見ても、やはりかっこいいと思う。❷ただかっこいいというだけで進路を決めてしまうのもどうかと思うが、私にとっては、何としても実現したい夢なのだ。

家族も、そんな私を応援してくれている。もし、私が白バイ隊に入隊したら、真っ先に制服姿❸を家族に見せてあげたい❹。そして、一人でも多くの危険なドライバーを取り締まりたい❹。どこかで交通事故が起きたときには

評価

構成	用法・語法	個性
B	B	B

制服姿の警察官へのあこがれを、テレビで見たイメージだけで書いている印象がある。実際の職務内容にも目を向け、何にあこがれるのか具体的にまとめると、よりよくなる。

❶ 一つの文の中に何度も「の」が出てくると読みにくい。

❷ 「5W1H」が不明確なため、白バイ隊員の制服がかっこいいと言っているように受け取られてしまう。人々の安全のために昼夜を問わず働く姿など、活動の様子についても掘り下げよう。

いち早く駆けつけ、早期解決に役立ちたい。❹

❺私が住んでいる県は、交通死亡事故の件数が全国でワースト十位に入るほど交通事故が多い。助手席のシートベルト着用率も低いし、電車やバスといった交通機関が発達していないために、酒気帯び運転が多いという問題もある。

ただ、最近は凶悪な犯罪者が増えているという現実もある。❻白バイ警察官は他の警察官よりもリスクが高いので、あこがれだけでは務まらないだろう。しかし、若手警察官としてテレビに取り上げてもらえるよう、頑張るつもりだ。そして、いつか必ず、子どもたちからあこがれられるような白バイ隊員になりたいと思う。

❸❷を強調するような書き方になっており、ますます見た目だけで進路を決めたように受け取られてしまう。

❹文末に「たい」が続けて三回、出てくるのが気になる。文末を変えるなどして、もう少しすっきりさせよう。

❺自分が住んでいる県の交通安全について問題意識を持っている点は評価される。志望動機につながっているなら、そのことも書き加えるとよい。

❻常に危険と隣り合わせであることは、他の警察官も同じである。現場を見て確かめたわけではないので、決めつけるような書き方をしないほうがよい。

良い例

私が子どもの頃からあこがれているのは、制服姿の警察官だ。なかでも一番のあこがれは白バイ隊だ。大人になった今も、テレビの特番などで、その活動の様子を紹介しているのを見ると、やはりかっこいいと思う。人々の安全のために昼夜を問わず働く姿がテレビに映し出されていたが、制服姿だけでなく、そうした働く姿がかっこいいと思うのだ。ただかっこいいというだけで、進路を決めてしまうのもどうかと思うが、私にとっては、何としても実現したい夢なのだ。

家族も、そんな私を応援してくれている。もし、私が白バイ隊に入隊で

解答例から学ぶ

レベルアップ講座

ここがポイント

「主語」や「目的語」を正しく書く

文章はわかりやすくなければいけない。わかりやすい文章の基本「5W1H」を意識して書くことを心がけよう。

【5W1H】をおさらい！

When　いつ
Where　どこで
Who　だれが
What　何を
Why　なぜ
How　どのように

ここで差がつく

自分の価値観をまとめる

あこがれの対象を警察官に限る必要はないが、警察官について書こうとする受験生は多い。それだけに、このような課題が出た場合は、ありがちな論作文にならないように気をつけたい。何をきっかけにあこがれるようになったのか、特にどのようなところを見習

きたら、真っ先にその報告を家族にしたい。そして、一人でも多くの危険なドライバーを取り締まり、どこかで交通事故が起きたときにはいち早く駆けつけ、早期解決に役立ちたいと思う。

私が住んでいる県は、交通死亡事故の発生件数が全国でワースト十位に入るほど交通事故が多い。助手席のシートベルト着用率も低いし、電車やバスといった交通機関が発達していないため、酒気帯び運転が多いという問題もある。こうした事実を知った私は、ますます白バイ隊員になりたいという思いを強くした。自分の力で、自分の住む地域をよりよくしたいと思ったからだ。

ただ、白バイ隊員は交通事故に遭うリスクが高いので、あこがれだけでは務まらないだろう。しかし、私は夢を実現するためなら、どんな努力も惜しまないつもりだ。熱血の若手警察官としてテレビに取り上げてもらえるよう頑張りたい。そして、いつか必ず、子どもたちからあこがれられるような白バイ隊員になりたいと思う。

いたいと思っているのか、どのような努力をしているかなど、自分の価値観をしっかり書けるように準備しておこう。

応用　**例題で練習しよう**

あこがれの人物像／私の夢／将来へのあこがれ／私の理想／理想の人物像

期待される警察官像

悪い例

市民の安全を守るために、警察官はどのような能力を持つべきだろうか。当然、❶鍛錬された体や判断力が素早く、責任感の強さ、公正さなどが期待される。

しかし、これからはそれ以上のものが警察官に求められるかもしれない。❷社会の今の現状は、すでに国際化やIT化が進み、それとともに犯罪もより複雑で凶悪なものとなってきている。やはり警察官も、これまで以上にIT分野の知識や語学力などを身に付けていかなければならないと思う。

交番勤務の警察官にも、できるだけ多くの知識や能力があったほうがい

評価

構成	用法・語法	個性
A	C	B

社会に期待される警察官像について述べるだけでなく、自分が理想とする未来像へと展開している点はよい。用法や語法を誤用するより、平易な表現でも正確な用法を心がけたい。

❶ いくつかの言葉を並列して主語や補語とするときは、品詞を揃えて、「鍛錬された身体や素早い判断力、責任感、公正さなどが」とする。

❷ 「今」と「現状」は意味が重複している。

い。たとえば、携帯電話を持ったばかりの老人が❸「携帯電話を落としてしまった」と言って交番に駆け込んできたら、交番の警察官はその老人❸に替わっ❹て即座に個人情報の流出や悪用を防ぐために策を打ち❺、不安な気持ちを静めてあげなければならない。また、日本語が話せない人が道案内を求めてきたからといって、困り果てている人を「後回し」にするわけにもいかない。❻こなさなければならない従来からの任務も多く警察官の仕事はハードなものだとは思うが、私自身も期待している警察官像としてはこれからの警察官は民間企業のサラリーマンなみに向上心を持って生涯勉強を続けなければならないように思う。❼子供の頃にあこがれたような、「かっこよくて頼りがいのある警察官」になるためには、常に自分を鍛え、磨き続けていかなければならない。とても大変だと思うが、大変だからこそ、私はこの職業に魅力を感じる。もし私が警察官になれたら、たとえ一人の力は小さくても、地域の人たちが困ったときに「あの交番のお巡りさんに相談してみよう」と思われるような〝できる警察官〟を目指して努力していきたい。

❸通常の会話や小論文の中では「老人」という言い方は避けたほうがよい。「高齢者」「お年寄り」などとする。また、一つの文章で同じ言葉を繰り返し使わないほうがすっきりする。

❹「代理で行う」という意味の場合「替わって」は間違い。

❺「策を打つ」とはいわない。

❻一つの文が長く、また、句読点が少ないため読みにくい。一つの文の中に言いたいことを何もかも詰め込まないようにしよう。

❼第三段落が長い。三つの段落に分けると良い。

良い例

市民の安全を守るために、警察官はどのような能力を持つべきだろうか。当然、鍛錬された体や素早い判断力、責任感、公正さなどが期待される。

しかし、これからはそれ以上のものが警察官に求められるかもしれない。社会の現状は、すでに国際化やIT化が進み、それとともに犯罪もより複雑で凶悪なものとなってきている。やはり警察官も、これまで以上にIT分野の知識や語学力などを身に付けていかなければならないと思う。

交番勤務の警察官にも、できるだけ多くの知識や能力があったほうがいい。たとえば、携帯電話を持ったばかりの高齢者が「携帯電話を落として

解答例から学ぶ
レベルアップ講座

ここがポイント
一つの文や段落を長く書きすぎない

文章が長くなってしまうことはよくあるが、短く書くことを意識するとわかりやすい文章になる。

ここで差がつく
テーマを絞って書く

「期待される警察官像」という課題の場合、警察官としての職務の有能さや活躍の範囲だけでなく、倫理観、さらに公務員としての警察官、地域の頼りになる存在としての警察官など、さまざまな角度からアプローチできるので、あまりあれこれ詰め込もうとせず、テーマを絞って書くようにしよう。

応用
例題で練習しよう

地域住民が警察官に求めるものとは／警察官にとって正義とは／期待される警察官とな

しまった」と言って交番に駆け込んできたら、交番の警察官はその人に代わって即座に個人情報の流出や悪用を防ぐために手を打ち、不安な気持ちを静めてあげなければならない。

このようなことは、情報犯罪に対する知識がなければできないことである。こなさなければならない従来からの任務も多く、警察官の仕事はハードなものだとは思うが、これからの警察官は今まで以上の向上心を持って生涯勉強を続けなければならないように思う。これは私自身が期待している警察官像でもある。

子供の頃にあこがれたような、「かっこよくて頼りがいのある警察官」になるためには、常に自分を鍛え、磨き続けていかなければならない。とても大変だと思うが、大変だからこそ、私はこの職業に魅力を感じる。もし私が警察官になれたら、たとえ一人の力は小さくても、地域の人たちが困ったときに「あの交番のお巡りさんに相談してみよう」と思われるような〝できる警察官〟を目指して努力していきたい。

るために／社会に求められる警察官像／信頼される警察官

交通事故を減らすには

悪い例

昨今の交通事故の惨状をテレビで見るたびに、私は胸がつぶれる思いがする。❶その原因のほとんどがスピードの出しすぎと飲酒運転によるものだ。

飲酒運転に対する罰則は従来よりずっと厳しくなったにもかかわらず、飲酒運転による事故が❷後を立たない。❸ではどうすればこのような事故を減らすことができるのだろう。❹「飲んだら飲むな、乗るなら飲むな」という交通標語にもあるように、酒を飲んだら絶対に車を運転しないということは当たり前だ。しかし、この当たり前のことが守られていない。

酒のビンに飲酒運転禁止のステッカーを貼る自治体もあり、効果を上げ

評価

構成	用法・語法	個性
B	C	A

「飲酒運転」を題材として課題にアプローチしている。論旨の展開は効果的で提案も個性的。ただし、用語の誤りや略語を安易に使っているのが気になる。用字・用語を正しく使おう。

❶ 主に飲酒運転について論じるのなら「その原因のほとんどが飲酒運転とスピードの出し過ぎによるものだ」と飲酒運転を先に持ってきた方が適切だ。

❷ 「後を絶たない」が正しい。

❸ 第五段落で具体的な飲酒運

ているというニュースを見たことがある。また、一部のファミレス❺では車を運転してきた客にはアルコール飲料を原則として提供しないようにしているという。

私はそれらの方法は手ぬるいと思うが、飲酒運転に対する取り締まりを強化するあまり、行き過ぎた管理に走るのもどうかと思う。酒を飲みたい人には飲む権利があり、酒を売ることで利益を上げたい店側の思惑も無視できない。

結局は各人の自覚に任せるしかない。それなら、せめてもっとドライバーに注意を喚起する工夫をしたらどうだろう。たとえば、一年三六五日テレビ・ラジオで飲酒運転禁止のスポットCMを一時間ごとに流す、居酒屋や❻ファミレスの従業員は飲酒運転禁止のメッセージを書いたTシャツを着る、あるいは車で来店しても酒を飲まなかった客には割引券や粗品を出す等々だ。

❼そんな地道な努力が、飲酒運転による悲惨な交通事故を減らせると、私は確信する。

転防止対策が記述されていることから、この文は第四段落最終文の直後に移動するべき。

❹「飲んだら乗るな、乗るなら飲むな」が正しい。引用は正確に。

❺論作文試験なのだから、略さず正確に書こう。ここは「ファミリーレストラン」とする。

❻飲食店の従業員だけが酒を売るわけではないので、「酒を売る店の人たちは……」とした方が的確。

❼「そんなちょっとした工夫が、飲酒運転による事故防止につながると私は信じている」などに変えたほうが意図がうまく伝わる。

良い例

序論

昨今の交通事故の惨状をテレビで見るたびに、私は胸がつぶれる思いがする。その原因のほとんどが飲酒運転とスピードの出しすぎによるものだ。飲酒運転に対する罰則は従来よりもずっと厳しくなったにもかかわらず、飲酒運転による事故が後を絶たない。「飲んだら乗るな、乗るなら飲むな」という交通標語にもあるように、酒を飲んだら絶対に車を運転しないということは当たり前だ。しかし、この当たり前のことが守られていない。

本論

酒のビンに飲酒運転禁止のステッカーを貼る自治体もあり、効果を上げているというニュースを見たことがある。また、一部のファミリーレスト

解答例から学ぶ

レベルアップ講座

ここがポイント

広い視野で考える

「交通事故を減らすには」という課題は、車の運転者の立場からのみならず、歩行者の立場からもアプローチは可能。また、交通事故といっても自動車事故に限定する必要はない。最近では自転車による事故も増えており、より身近な題材としてアプローチできるのではないだろうか。

自分で危険を感じたことや、小さな子どもを見て危ないとヒヤヒヤしたことなどがあればそれを生かすこともできる。どうすれば交通事故を減らせるか、自分なりの方法を考えてみよう。

ここで差がつく

三部構成でまとめる

八〇〇字程度の小論文では、「序論→本論→結論」の三部構成がまとめやすい基本パターンといえる。

ランでは、車を運転してきた客にはアルコール飲料を原則として提供しないようにしているという。

私はそれらの方法は手ぬるいと思うが、飲酒運転に対する取り締まりを強化するあまり、行き過ぎた管理に走るのもどうかと思う。酒を飲みたい人には飲む権利があり、酒を売ることで利益を上げたい店側の思惑も無視できない。ではどうすればこのような事故を減らすことができるのだろう。

結局は各人の自覚に任せるしかない。飲食店でアルバイトをしている先輩の話によると、「飲酒運転禁止」のポスターを店内に貼ったところ、車で来店した人の飲酒率が下がったそうだ。それなら、もっとドライバーに注意を喚起する工夫をしたらどうだろう。たとえば、一年三六五日テレビ・ラジオで飲酒運転禁止のスポットCMを一時間ごとに流す、酒を売る側の店の人たちは飲酒運転禁止のメッセージを書いたTシャツを着る、あるいは車で来店しても酒を飲まなかった客には割引券や粗品を出す等々だ。

そんなちょっとした工夫が、飲酒運転による事故防止につながると私は信じている。

結論

序論　問題提起、課題の提示（こんな問題がある、こうしたらよいと考える）

本論　意見の提示（そのように考えた理由など）

結論　まとめ（自分なりの解決策、決意表明など）

応用

例題で練習しよう

子どもや高齢者を交通事故から守るには／自転車の運転手に思うこと／交通ルールを守る／信号を無視する人へ／日常生活で危険を感じたとき

警察官と他の職業人との違い

悪い例

警察官は他の職業人とは全然違う。警察官は銃を持っている。ニュースを見ていると、最近は逮捕されそうになって❶逆ギレする犯罪者がとても多い。刃物で警察官を刺したり、車で警察官をひこうとしたりする。このような状況に置かれた時、警察官は自分の判断で発砲することが認められている。しかし、銃という道具は、引き金を引くだけで人を殺すことさえできるようなものだ。

警察官は、人の命を奪うかもしれない道具を身につけているのだということをしっかり認識して、正しい銃の使い方・扱い方をしなければならな

評価

構成	用法・語法	個性
C	B	A

他の職業人との違いを踏まえ、なかでも自分が重要だと思うところに焦点を当てて心構えを述べているところはよい。構成を入れ替えると、もっと説得力のある文章になる。

❶ くだけた印象になる俗語なので小論文では使わないほうがよい。

❷ 両親の言葉を書き表した部分なので、「 」でくくったほうが読みやすくなる。

❸ この部分を冒頭に移動したほうがわかりやすい。

い。以前、犯罪者が警察官の銃を奪って逃走した事件があったが、こんなことは二度と起こしてはいけない。

このように警察官は他の職業人とは全然違う。当初、私の両親は「警察官になりたい」という私の希望を受け入れてくれなかった。憧れや理想だけで務まるものではない、と反対された。❷最近は凶悪な事件が増えているので心配だ、それに勤務時間や休日が不規則だから、もし結婚して子どもができても、子どもと遊んでやるような時間を持てないなどと言われた。

しかし、そういう意味では、警備員や消防署員、自衛隊員も同じだ。❸私たちが安心して生活できるのは、こういう人たちのお陰なのだ。❹しかし、こういう人たちのなかで❺私たちが最も身近な存在として親しみを感じるのが警察官だ。道に迷った人に道順を教えたり、暴走するバイクをパトカーで追いかけたりして、町の安全を守るために地道な活動を続けている。

❻私も〝町のお巡りさん〟になって、自分の家族や街の人々の安全を守りたい。そしていつか、警察官が銃を使わずにすむような国になることを心から願っている。

---

❸一般的にイメージされる他の職業人との違い→警察官を目指す立場から見た違い→心構えや目標、という順で書き直してみよう。

❹「しかし」では、直前の内容を否定することになってしまうので、この場合は「そして」にすれば意味が通じるようになる。

❺自分が警察官を志望した理由を述べる部分でもあるので、「私たち」ではなく「私」としたほうがよい。

❻実際に警察官になったつもりで、最後の一文を書き直してみよう。

良い例

当初、私の両親は「警察官になりたい」という私の希望を受け入れてくれなかった。「憧れや理想だけで務まるものではない」と反対された。「最近は凶悪な事件が増えているので心配だ。それに勤務時間や休日が不規則だから、もし結婚して子どもができても、子どもと一緒に遊んでやるような時間は持てない」などと言われた。

しかし、そういう意味では、警備員や消防署員、自衛隊員なども同じだ。私たちが安心して生活できるのは、こういう人たちのお陰なのだ。そして、こういう人たちのなかで私が最も身近な存在として親しみを感じるのが警

解答例から学ぶ

レベルアップ講座

ここがポイント

構成を考えてから書く

小論文で文章の構成はとても大切だ。「悪い例」の場合は、三段落目に述べている両親の反対理由を問題提起として冒頭にもってきたほうが、言いたいことが伝わる文章になる。

ここもチェック

接続詞の使い方

接続詞を上手に使うために、次のポイントをおさえておこう。

多用を避ける

使いすぎはくどい文章になりがち。かえってわかりにくい文章になる。

できる限り減らす

読み手に意味が伝わるようなら削ってよい。

多用しがちな接続詞：「そして」「また」「それに」「さらに」「そこで」「なぜなら」

効果的な逆説の接続詞

「しかし」「ところが」のよ

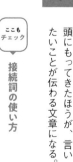

察官だ。道に迷った人に道順を教えたり、暴走するバイクをパトカーで追いかけたりして、町の安全を守るために地道な活動を続けている。

さらに、警察官は市中で銃を持っているという点で他の職業人とは全く違う。ニュースを見ていると、最近は逮捕されそうになって逆上する犯罪者がとても多い。刃物で警察官を刺したり、車で警察官をひこうとしたりする。このような状況に置かれた時、警察官は自分の判断で発砲することが認められている。しかし、銃という道具は、引き金を引くだけで人を殺すことさえできるようなものだ。

警察官は、人の命を奪うかもしれない道具を身につけているのだということをしっかり認識して、正しい銃の使い方・扱い方をしなければならない。以前、犯罪者が警察官の銃を奪って逃走した事件があったが、こんなことは二度と起こしてはいけない。

私も〝町のお巡りさん〟になって、自分の家族や町の人々の安全を守りたいと考えている。そのときには自分たちの努力によって、警察官が銃を使わずにすむような国にしたいと思う。


うに、次の文章が反対の関係であることを示す接続詞を使うことで、文章の流れがわかりやすくなる。

応用　**例題で練習しよう**

警察官にしかできないこと／警察官という職業の特色／職業としての警察官／警察官と警備員の違い

STEP 1 文章の組み立てを考えて書く③

自由とは何か

悪い例

中学生の頃は「私の自由でしょ」「私の勝手でしょ」といった言葉をやたらに口にしていたように思う。❶人として当然の権利だと思っていたが、「自由」の意味を深く考えたことはなかった。今も意識して生活しているわけではないので、「自由」の意味を理解できているのかどうかわからない。だが、私が教えてもらったことをいくつか述べたい。

❷何をしてもいいのが自由ではない。皆が皆、自分の思うように生きていたら、収拾がつかなくなってしまう。❸一番わかりやすい例が犯罪である。お金が欲しいからといって、強盗やサギをしていいのだろうか。隣人がうるさいからとなぐったり放火したりしていいのか。これらは自由というの

評価

構成	用法・語法	個性
A	B	B

難しいテーマをいろいろな視点からとらえることができているが、理論ばかりが先走っているようでもある。結論をもう一歩、掘り下げると、さらによくなる。

❶人として当然の権利が何なのか不明である。主語を正しく入れること。

❷前段落「『自由』の意味を理解できているのかどうかわからないけれど」と述べているのに、ここで言い切るのはどうだろうか。

ではなく、自分勝手なだけである。このような人は多分、自由について考えたことのない人たちだろう。

また、母から聞いたことに「自由って自分に責任をもつことだと思うよ」というのがあった。いつ頃聞いたか覚えていないが、そのときは「自分に責任を持つのは当たり前じゃないか」と反発を感じていた。親から「あれはだめ」「これはいけない」と常に束縛されているようで、「私の自由はどこにあるの」と思っていたのだ。❹ところが最近、親は自由を奪っているのではなく、❺守ってくれていたのかな、と思い始めている。❻これから社会に出なければならない私は、もう自分自身で考え、行動しなければならないのである。それが責任ということなのだろう。

思えば、私たちが暮らす社会には、いろいろな規律がある。社会全体はもちろん、小学校、中学校、近所の遊び仲間といった小さな社会にまである。個人個人がルールを守らなければ、社会は成り立たないのである。だからこそ、今後は自分の言動に責任をもつ。❼「自由」や「責任」について考え始めた私である。

❸漢字がわからないときは別の言葉に置き換えてしまうのも一つの方法。

❹ここから内容が異なってくるので、改行するべき。

❺「自由を奪っているのではなく、守ってくれていたのかなと思い始めている」のはなぜだろうか。思い当たる身近な例をあげてみよう。自立や責任といったことも関わってきて、話に広がりができる。

❻一文章の中に、同じ表現が二か所以上出てくると、文章の流れが悪くなる。

❼結論としては弱い。

良い例

中学生の頃は「私の自由でしょ」「私の勝手でしょ」といった言葉をやたらに口にしていたように思う。自由は人として当然の権利だと思っていたが、「自由」の意味を深く考えたことはなかった。今も意識して生活しているわけではないので、「自由」の意味を理解できているのかどうかわからない。だが、私が教えてもらったことをいくつか述べたい。

何をしてもいいのが自由ではないだろう。皆が皆、自分の思うように生きていたら、収拾がつかなくなってしまう。一番わかりやすい例が犯罪である。お金が欲しいからといって、強盗をしたり人をだましたりしていいのだろうか。隣人がうるさいからとなぐったり放火したりしていいのか。

解答例から学ぶ

レベルアップ講座

ここがポイント　素直な考えを書く

「自由とは何か」と突然聞かれても、戸惑う場合が多いだろう。先輩や友人、また後輩はどのように自由に関心をもち、どのような考えをもっているのだろうか。自分一人の考えだけでなく、今からでも情報を集めるのはとても有効な対策だ。それらを自分の考えや経験にプラスすれば、ものの見方も広がってくる。上手に書こうとするのではなく、自分でわかることを素直に書くだけでよい。

ここで差がつく　構成を見直してみよう

「自由」と「自分勝手」という二つの言葉がせっかく出てきているのに、これらの違いについてふれていないのは惜しいところ。自分の思い通りにすることと、何らかの規律を守った上で行動することのこれらは自由というのではなく、自分勝手なだけである。このような人は多分、自由について考えたことのない人たちだろう。

また、母から聞いたことに「自由って自分に責任をもつことだと思うよ」というのがあった。そのときは「自分に責任を持つのは当たり前じゃないか」と反発を感じていた。親から「あれはだめ」「これはいけない」と常に束縛されているようで、「私の自由はどこにあるの」と思ったのだ。

ところが最近、親は私の自由を奪っているのではなく、自分を守ってくれていたのかな、と思い始めている。門限があったのも、危険に巻き込まれるのを心配してのことだったのだろう。これから社会に出る私は、もう自分自身で考え、行動しなければならないのである。それが責任ということなのだろう。

思えば、私達が暮らす社会には、いろいろな規律がある。社会全体はもちろん、小学校、中学校、近所の遊び仲間といった小さな社会にまである。個人個人がルールを守らなければ、社会は成り立たず、自由も成立しない。だからこそ、今後は自分の言動に責任をもつ。私は「自由」のために「責任」をもちたいと思う。

違いなど、比較したらさらに面白い文章になるだろう。

応用

例題で練習しよう

自由であること／社会生活と自由／人間としてすべきこととは／他人の自由、私の自由の違い／自由と平等について

私が心がけていること

悪い例

電車内で、高齢者に席を譲る光景に出合うことがある。「ありがとう」❶と言って座る人、辞退する人、すました顔で当然のように座る人など、さまざまである。❷自分が譲っている訳ではないのだが、その都度考えてしまうのである。「お礼を言ってから断ればいいのに」、「どうも、だけでお礼を言ったつもりかな?」など。

❸私自身何度か席を譲った経験があるが、結構勇気のいるものだ。辞退されたときには座っていることに居心地の悪さを感じた。お礼の気持ちが感じられないときには「大人のくせに」と思ったものである。❹「ありがとう」

評価

構成	用法・語法	個性
A	B	A

日頃から意識している言葉の大切さを訴えた、素直で好感がもてる文章だ。ただし、前半部分はくだけた印象になってしまっているので、気をつけよう。

❶何が「さまざま」であるのか明記したい。「反応はさまざまである」というように、主語となる言葉を追加するとわかりやすくなる。

❷❸他人が席を譲ったときに感じていることと、自分が譲ってみて感じることの内容が重複している。

の一言で、気持ちよく譲れるのに。

私は「ありがとう」「ごめんなさい」、❺この二つはとても大切な言葉だと思っている。人と人とのコミュニケーションに必要不可欠な言葉であり、努めて人に伝えるようにしている。たとえば、友人とおしゃべりしているときに、ふと相手を傷つけてしまったり、不快な思いをさせてしまったりする場合もあるだろう。それに気づいたときに、素直に「ごめんなさい」を言える自分でありたい。何かを教えてもらったり、道を聞いたり、席を譲ってもらったりしたときに「ありがとう」の一言を心から言える人間でありたいと思っている。

この二つの言葉は、❻「心がけて」言うべき言葉ではなく、「当たり前」に言うはずの言葉であるべきだと思う。昨今では、心どころか耳にも入ってこないときもあるが、子どもから高齢者まで、今以上にこの二言を意識できれば、世の中はもっと住みやすくなるのではないだろうか。

一つの文にまとめたほうが、すっきりする。

❹文章を用言や体言で終わらせて効果的な場合もあるが、この場合はくだけすぎの印象がある。表現を考えてみよう。

❺語順を変えたほうがわかりやすい。「二つの言葉はとても大切だと思っている」のように、自分の素直な気持ちを書けば、前文の「大人のくせに」といった気持ちも強調することができる。

❻たしかにそのとおりだが、課題が「心がけていること」なので、少し表現を変えたい。まわりくどくせず、「当たり前に使うべき言葉なのだと思う」などとする。

良い例

電車内で、高齢者に席を譲る光景に出合うことがある。「ありがとう」と言って座る人、辞退する人、すました顔で当然のように座る人など、反応はさまざまである。自分が席を譲っている訳ではないのだが、その都度考えてしまうのである。私自身、何度か席を譲った経験があるが、結構勇気のいるものだ。辞退されてしまったときには、余計なことをしたのだろうかと妙に居心地の悪さを感じた。お礼の気持ちが感じられないときは、「大人のくせに」と相手への不満を感じたものである。「ありがとう」という感謝の一言があるだけで、お互いが気持ちよくなれるはずだ。

解答例から学ぶ

レベルアップ講座

ここがポイント

日常の些細なことに目を向ける

「心がけていること」といわれると、「絶対に自分が守っていること」と捉えて難しく考えがちだが、それほど大げさに考えなくてよい。たとえば、毎日ジョギングをしているとすれば、それを続けることは「心がけていること」にほかならない。意志が弱ければ続かないものである。また、登下校時などによく見る光景から感じることや思うこともあるだろう。そのような出来事を例にして、自分が日頃から心がけていることを書けばよい。

もうひと工夫

具体的に訴えかけることを意識

コミュニケーションに必要不可欠な言葉が、「ありがとう」と「ごめんなさい」であるとせっかく書いているので、二つの言葉が持つ意味と、なぜ私は「ありがとう」「ごめんなさい」、この二つの言葉はとても大切だと思っている。人と人とのコミュニケーションに必要不可欠な言葉であり、努めて人に伝えるようにしている。たとえば、友人とおしゃべりしているときに、ふと相手を傷つけてしまったり、不快な思いをさせてしまったりする場合もあるだろう。それに気づいたときに、素直に「ごめんなさい」を言える自分でありたい。何かを教えてもらったり、道を聞いたり、席を譲ってもらったりしたときに「ありがとう」の一言を心から言える人間でありたいと思っている。「ごめんなさい」と言って自分の行為を反省することと、「ありがとう」と言って相手の行為に感謝することは、人と人とが互いに理解し合い、良好な人間関係や信頼を築いていくうえでとても大切な要素だと考えるからである。

この二つの言葉は、「当たり前」に使うべき言葉なのだと思う。子どもから高齢者まで、みなが今以上にこの二つの言葉を意識できれば、世の中はもっと住みやすくなるのではないだろうか。

必要不可欠であると思うのかまで書けるようにしよう。また、自分の気持ちが相手に伝わらず辞退されてしまったときの居心地の悪さを具体的に書き、「お礼」の一言が感謝の表現であることをしっかり伝えよう。

応用
例題で練習しよう

私の大失敗／思うこととできること／これだけは曲げられない信念／家族・友人達から学んだこと／日常のいろいろ

学校時代に学んだこと

悪い例

学校生活の中で、数学や国語といった❶教科のほかに、何があったか考えてみた。友達、先生、クラブ活動の思い出などいろいろあるが、自分にとって忘れられない苦い経験がある。

高校一年生のとき、担任が数学の先生だった。❷その先生が嫌いで、好きな教科であったはずの数学の授業を聞かなくなってしまった。あっという間に何もわからなくなって、成績は急降下してしまった。

❸県立高校なので、赤点には厳しい。きちんと点数をクリアしなければ進級できないのである。中間テスト、実力テスト、期末テストとテストの度

評価

構成	用法・語法	個性
B	B	A

学校生活というと先生や先輩から学んだこと、クラブ活動での成果などを題材に選ぶことが多いが、自分の失敗談を題材にするのは勇気のいることである。

❶「教科のほかに」では意味がとおらない。このままでは「学校生活の中に教科がある」ことになってしまう。

❷わかりにくい文章である。「私はその先生が嫌いで、それまで好きだった数学の授業を聞かなくなってしまった」のように原因と結

に自分の現在の点数をチェック。残るテスト回数と取らなければならない点数を計算した。❹幸い、危ないのは一教科だけだったので、集中できて、無事二年生に進級することができたし、以来、少々嫌いな先生の授業でも、聞くだけは聞くようにした。わからなくなって、苦労するのは自分自身であることが、よくわかったからだ。大人には当然に思えることでも、あの頃の私は先生の顔を見ることも授業を聞くことも本当に嫌だったのである。

一人暮らしの友人を朝迎えに行っていっしょに通学したり、先生に反抗したこともある。❺あまりいい生徒ではなかったかもしれない。迷惑をかけたり、かけられたり、そんなことは日常よくあるだろう。当時、いろいろな経験をしていくなかで❻私が感じたのは、「反省すること」である。

自分は間違っていない、正しい、と思うことは自信にもなるだろう。しかし、高校一年生のときのように「そのときの気持ち」だけで物事を決定してしまうと、あとで苦労する。失敗をするのが悪いのではなく、きちんと反省して改めることができれば、それでよいのだろう。

果を簡潔に述べよう。

❸「高校には赤点制度があって、点数をクリアしないと進級できないのである」とわかりやすく説明するとよい。

❹一文に二つの内容が語られているので、二文に分けたほうがよい。

❺「あまりいい生徒ではなかったかもしれない」と思う理由をもう少し具体的に挙げれば、もっとユニークな文章になる。

❻「私が感じた」のではなく、「私が考えた」または「私が学んだ」としたほうが適切だろう。なぜ「学べた」のか説明もほしい。

良い例

学校生活の中で、数学や国語といった教科を学ぶほかに、何があったか考えてみた。友達、先生、クラブ活動の思い出などいろいろあるが、自分にとって忘れられない苦い経験がある。

高校一年生のとき、担任が数学の先生だった。私はその先生が嫌いで、それまで好きだった数学の授業を聞かなくなってしまったのである。あっという間に何もわからなくなって、成績は急降下してしまった。

高校には赤点制度があって、点数をクリアしなければ進級できないのである。中間テスト、実力テスト、期末テストとテストの度に自分の現在の

解答例から学ぶ

レベルアップ講座

ここがポイント

小学校、中学校時代を含めて思い返しておく

人は生きていくうえで、多くの経験をするものである。たとえば小学校時代なら、初めて逆上がりができた、自転車に乗れたなど、成功に至るまでの努力は大きな感動につながる。そうした体験から学んだことを書けばよい。この例文のような失敗談もおもしろい。失敗や挫折から学ぶことは多いものである。また、友人同士、先輩、後輩、先生などから教えてもらったこともあるはず。何を感じてどのように考えたのか、思い返しておこう。

もうひと工夫

なるべく具体的な事例を挙げる

内容的にはわかりやすく書けているが、全体的に言いたいことがありすぎて言葉が重複したり、二文にすべきところを一文で書いてしまっている

点数をチェック。残るテスト回数と取らなければならない点数を計算した。幸い、危ないのは一教科だけだったので、集中して学習することで、無事二年生に進級することができた。以来、少々嫌いな先生の授業でも、聞くだけは聞くようにした。わからなくなって、苦労をするのは自分自身であることが、よくわかったからだ。大人には当然に思えることでも、あの頃の私は先生の顔を見る事も授業を聞く事も本当に嫌だったのである。

一人暮らしの友人を、朝迎えに行っていっしょに通学したり、先生に反抗したこともある。自分の思うままに行動していて、あまりいい生徒ではなかったかもしれない。しかし、高一でひどい点数を取ったり校則を破ってしかられたりしていくなかで私が学んだのは、「反省すること」である。

自分は間違っていない、正しい、と思うことは自信にもなるだろう。しかし、高校一年生のときのように「そのときの気持ち」だけで物事を決定してしまうと、あとで苦労する。失敗をするのが悪いのではなく、きちんと反省して改めるという姿勢が大事なのだと私は学生時代に学んだ。

点が気になる。書き終えたら、必ず読み返して文章を推敲しよう。「あまりいい生徒ではなかった」や「迷惑をかけたり、かけられたり、そんな事は日常よくあるだろう」などについては、もっと事例を挙げたほうが説得力が増す。また、前半でせっかく高校一年生のときの経験を書いているのだから、「反省すること」を具体的な経験を述べたところに結びつけるとよいだろう。

応用　**例題で練習しよう**

高校時代に大切にしていたこと／私にとっての友人／私の三年間／苦しかったこと楽しかったこと／先生からのひと言

スポーツについてあなたの考えを述べよ

悪い例

私が最も力を入れてきたスポーツ、それは水泳だ。

私は中学、高校とずっと水泳をやってきた。結果だけを見ると、一番よくてインターハイになんとか❶出れる程度の成績しか残せなかったが、水泳ばかりの六年間を過ごしたことを、私は❷ひとつも後悔していない。それどころか、この六年間で大切なものを手に入れたように思っている。それは、やりとげる達成感と自分の目の前に❸立ちふさがっていた壁を越える快感を覚えたということだ。

中学に入学し、水泳部に入ったばかりの頃、私は続けて五十メートル泳ぐのが精一杯だった。もっとたくさん泳げるようになればいいな、くら

評価

構成	用法・語法	個性
B	C	A

水泳というスポーツとどう向き合ったか、自分の経験にもとづいて書いているのはよい。冒頭の文を短く、端的に表現するのは、読む人の注意をひくのに効果的。

❶「ら抜き言葉」は使わない。

❷やや話し言葉になっている。

❸受験者の視点からすると過去の話だが、一般論の部分なので、現在形で書く。

いの気持ちで入部したところが、❹いきなり足のキックだけで五十メートル、腕の「かき」だけで五十メートル、手足とも動かして五十メートル、計百五十メートルを一セットとして十セットやれ、❺と監督の安藤先生に言われたのだ。❻おかげで、練習の途中で何度も水中に沈み込み、塩素たっぷりの水を飲むはめになった。この練習を始めた最初の一週間ほどは地獄だった。何度も選択を間違った、水泳部なんてやめてしまおうと毎日考えていた。

ところが、❼一週間ほどたったある日、❽僕は水の中で自分の体が軽いのに気がついた。しかも、それまで辛かった百五十メートル一セットが楽にこなせるようになっていた。そのときは、体力がついたのだと❾ばっかり思っていたが、今、考えるとそれは、何回も何メートルも泳ぐことで、余分な力が抜けるようになったのだった。この無駄な力を抜いて、速く楽に泳げるようになったということで、私は自信をつけた。苦しくても、続けるうちに突破口が開け、乗り越えられないと思う壁でも越えられることを体で覚えたのだ。そして、高校卒業を控えた今、この自信がこれからの自分を❿支えてくれそうな気がしている。

❹どの言葉を修飾しているのかわかりにくい。

❺第三者には不必要な固有名詞は省く。

❻「この練習」の内容がわかりやすい文の順に入れ替えるとよい。

❼前段に「最初の一週間は」とあるので、ここは省く。

❽「私」に変える。一人称は統一すること。

❾書き言葉に修正する。

❿結びの文としては若干インパクトに欠ける。

良い例

私が最も力を入れてきたスポーツ、それは水泳だ。

私は中学、高校とずっと水泳をやってきた。結果だけを見ると、一番よくてインターハイになんとか出られる程度の成績しか残せなかったが、水泳ばかりの六年間を過ごしたことを、私は何ひとつ後悔していない。それどころか、この六年間で大切なものを手に入れたように思っている。それは、やりとげる達成感と自分の目の前に立ちふさがる壁を越える快感を覚えたということだ。

中学に入学し、水泳部に入ったばかりの頃、私は続けて五十メートル泳

解答例から学ぶ

レベルアップ講座

ここがポイント

題材として何を選ぶか

「スポーツ」という自由度の高い課題で、何を書くべきか悩むかもしれない。このようなときは、自分の経験を軸に題材を絞るとよい。

体育会系のクラブ活動など、自分の経験に基づいた内容で書けるのであれば、それを経てきたことで自分がどう感じたか、すなわち結論をはっきり意識することができるので、比較的書きやすいだろう。

一方、スポーツが苦手で、体育会系のクラブ活動はやったことがないという人もいるだろう。その場合でも、スポーツを「経験」することは可能だ。スポーツに親しんでこなかった人も、オリンピックなどのスポーツ大会を観戦して感動したという思い出は、誰にでも一つや二つはあるのではないだろうか。それもまた、スポーツを「経験」したといえるのである。

ぐのが精一杯だった。もっとたくさん泳げるようになればいいなくらいの気持ちで入部したところが、いきなり、監督の先生に足のキックだけで五十メートル、腕の「かき」だけで五十メートル、手足とも動かして五十メートル、計百五十メートルを一セットとして十セットやれ、と言われたのだ。この練習を始めた最初の一週間ほどは地獄だった。練習の途中で何度も水中に沈み込み、塩素たっぷりの水を飲むはめになった。何度も選択を間違った、水泳部なんてやめてしまおうと考えていた。

ところが、ある日、私は水の中で自分の体が軽いのに気がついた。しかも、それまで辛かった百五十メートル一セットが楽にこなせるようになっていた。そのときは、体力がついたのだとばかり思っていたが、今、考えるとそれは、何回も何メートルも泳ぐことで、余分な力が抜けるようになったのだった。この無駄な力を抜いて、速く楽に泳げるようになったことで、私は自信をつけた。苦しくても、続けるうちに突破口が開け、乗り越えられないと思う壁でも越えられることを体で覚えたのだ。高校卒業を控えた今、この自信が、これからの自分を支えてくれるに違いない。

もう ひと工夫

明快な文章を心がける

「いきなり～言われたのだ」の部分は「いきなり、監督の先生に足のキック～十セットやれと言われたのだ」に変えると、誰がいきなり言い出したのかがわかりやすくなる。また、結論で自分が目標に向けて努力する人間であることを明快な書き方でアピールしよう。

応用

例題で練習しよう

スポーツ観戦の楽しみ／スポーツと感動／音楽／本を読む／自然に親しむ

最近憤慨したこと

悪い例

私がこの数年で一番憤慨したことは、❶私が腕を骨折した友人のお見舞いで行った病院で起こった。

❷見舞った友人としばらくあれこれと話をして、そろそろ帰ろうということになり、その友人が私を病院の玄関まで送ると言うので、病室のある階から一階に降りるエレベーターを待っていた。❸待っていたのだが、休みの日の面会時間終了間際のことで、エレベーターがなかなか来ない。やっと来たエレベーターの扉が開き、乗り込もうとした時、❹再び、扉が閉まりかけて私はエレベータの扉に挟まれてしまったのだった。

普通、エレベーターで人間が挟まれそうになったとき、❹扉が自動的に開

評価

構成	用法・語法	個性
A	B	B

論作文の構成がよくできている。また、何に、なぜ憤慨したか、がうまく書けている。その中から自分が今後、気をつけたいことなどにも目を向けた文章にすると、もっとよくなる。

❶文頭に「私がこの数年で」とあるので、ここの「私」は不要。

❷友人を見舞って帰ろうとしたときにアクシデントが起きたことを伝えるだけにしては長すぎる。不要な情報は排除するとすっきりする。

くはずだと思うのだが、どうしたことか、一瞬だけだったが、私はエレベーターの扉に挟まれてしまった。ひじを打った痛みの中で、❺なんで挟まるんだよ、扉、開いたばっかなのに……と思いながらコントロールパネルの方を見ると、なんと急いでいるときに押す「閉」のボタンに指をかけているおばさんがいるではないか。

そして、そのおばさんが言うには「あら、誰もいないのかと思ったわ」。

あっけにとられて何も言えない間に、そのおばさんは途中の階で降りてしまったが、本当は私たちに文句を言われる前に降りたというのが❻正しいのじゃないかと思っている。❼だいたい、「誰もいないのかと思った」といっても、あのタイミングでボタンを押しているのだから、乗る人がいるかどうか確認しているはずがないのだ。それに、挟まったのが、私ではなくて、友人のように怪我をしている人だったら、どうなっていたのだろう? 病人も怪我人も含め、いろいろな人が乗り降りをする病院のエレベーターの「閉」ボタンを自分の都合だけで押してしまう、あの自己中心的な考え方に今でも憤りを感じている。

---

❸ 直前に「エレベーターを待っていた」とあるので、「待っていた」を繰り返すのはくどい。

❹ 「時」と「とき」が混在している。どちらかに統一する。

❺ 話し言葉は厳禁だが、この場合は受験者が心で思ったことなので許容範囲といえる。ただし、「 」で囲み、区別する。

❻ 話し言葉になっている。

❼ 意味のとりにくい文章になってしまっている。

良い例

私がこの数年で一番憤慨したことは、腕を骨折した友人のお見舞いで行った病院で起こった。

そろそろ帰ろうということになったとき、見舞った友人が私を病院の玄関まで送ると言うので、病室のある階から一階に降りるエレベーターを待っていた。だが、休日でしかも面会時間が終了間際だったためか、エレベーターがなかなか来ない。やっと来たエレベーターの扉が開き、乗り込もうとしたとき、再び扉が閉まりかけて、私はエレベーターの扉に挟まれてしまったのだった。

普通、エレベーターで人間が挟まれそうになったとき、扉が自動的に開

解答例から学ぶ

レベルアップ講座

ここがポイント

公共の立場から客観的な視点をもつ

喜怒哀楽について述べる課題の場合、自分の感情を書けばよいので、受験者は比較的書きやすく、安心しがちである。しかし、そこに盲点がある。どんな出来事に憤りを感じるかで、その人の倫理観や道徳心、正義感などが見えてくるからだ。自分が挟まれたことだけに憤りを覚えたという記述に終始していたとしたら、「私憤」にしかならないが、けが人だったらどうするか、という「公憤」にもふれることで、書き手の憤りが正当であることが受け止めてもらえる。

ここで差がつく

「主語」「目的語」「述語」を正しく書く

「主語」「目的語」「述語」を正しく書くことを意識することが文章上達の基本である。「あの」などの指示語を安易

くはずだと思うのだが、どうしたことか、一瞬だけだったが私はエレベーターの扉に挟まれてしまった。ひじを打った痛みの中で、「なんで挟まるんだよ、扉、開いたばっかりなのに……」と思いながらコントロールパネルの方を見ると、なんと「閉」のボタンに指をかけているおばさんがいるではないか。

そして、そのおばさんが言うには「あら、誰もいないのかと思ったわ」。

あっけにとられて何も言えない間に、そのおばさんは途中の階で降りてしまった。扉が開いて私たちが乗り込もうとした瞬間に閉まりかけたのだから、彼女は乗り込む人がいるかどうか確認しないで「閉」のボタンを押したに違いないのだ。それ以前に、エレベーターが停止して扉が開いたのだから、乗り降りがあると考えるのが常識ではないか。

心配なのは私以外の人が腕を挟まれた場合だ。私ではなく、友人のように怪我をしている人だったら、どうなっていただろう？　病人や怪我人も含め、いろいろな人が乗り降りをする病院のエレベーターの「閉」ボタンを自分の都合だけで押してしまう、あの自己中心的な考え方に今でも憤りを感じている。

に使い、さらに「誰が」が抜けるとわかりにくい文章になってしまう。「誰が」にあたる主語、「何を」にあたる目的語、「どうする」にあたる「述語」を正しく書くことが大切だ。

応用

例題で練習しよう

義憤を感じたとき／日常生活で私が注意していること／反省した私の行動／忘れられない言葉／これだけは許せない

警察官を志す者として

悪い例

新聞には毎日のように❶いろいろな事件があり、なかには県政・市政に携わったことのある人の不祥事、警察官の事件まで載っていたりする。それらは職種に関係なく、してはいけないことばかりなのに犯してしまう現実。なぜなのだろうか。

私が続けていることの一つに「信号は守る」がある。交通規則なのだから、守るのが当たり前であるが、❷走りたくないのと、怖い思いをしたくないからである。❸少し余裕を持てば結構守ることができるし、一分や二分の時間差に特に不都合もない。

評価

構成	用法・語法	個性
B	B	C

信号を守らないのは法律違反であるから論外で、警察官志望者としての認識を疑われかねない。また、「してはいけないこと」も説明不足である。

❶ 新聞には、毎日のようにいろいろな「事件がある」のではなく、「事件の報道がある」のである。

❷ 信号を守る理由を二つ並列にしているが、「急いで渡って、危険なめに合いたくないから」のように一文にしたほうがわかりやすい。

小さなことかもしれないが、繰り返し行っていると「信号を守る」ことが次第に当然になってくるのである。同じように❹「小さないけないこと」を続けてしまうと、それもまた当たり前になってしまうのではないだろうか。警察官を志す者として、「信号を守る」ことだけでなく、小さくても「よい」と思えることは続けていきたいと思っている。

また本来、警察官は地域に根差した❺職業である。居住地域の地理はもちろん、歴史の知識もある程度必要となるだろう。一度にすべてできるはずはないけれど、❻あわてないように、まず一般常識に始まり、情報を欠かさないことも心がけたい。❼そして交番勤務中に、道を尋ねられたとする。わかりやすく、丁寧にしかも温かみのある答えができるように、言葉遣いにも注意したいものだ。

警察官としてしなければならないことは山積している。現在、自分で気づかないこともたくさんあるだろう。警察官になったら何をしたいのか、そんなことも考えながら、できることから始めていきたい。

❸文章が成立していない。「時間に余裕を持てば、結構身を守ることができる」とすべきである。

❹これが当たり前になってしまうとどうなるのか。説明を加えるべきだろう。

❺「密着した」の表現のほうが一般的。

❻あれもこれもしなければならない、という気負いばかりが感じられる。頼もしいが「ゆっくり自分の知識にしていきたい」くらいに抑えたほうがよい。

❼なぜそのように意識したいのか、具体例を入れると効果的。

良い例

新聞には毎日のようにいろいろな事件の報道があり、なかには県政・市政に携わったことのある人の不祥事、警察官の事件まで載っていたりする。それらは職種に関係なく、してはいけないことばかりなのに犯してしまう現実。なぜなのだろうか。

私が続けていることの一つに「ごみを家に持ち帰る」がある。もちろん外にあるごみ箱に捨てることもできるのだが、最近ではごみ箱が撤去されていることも多く、なんとなく捨てそびれて家に持ち帰るようになったのである。このことは、自分の出すごみの量を反省する機会にもなった。

小さなことかもしれないが、繰り返し行っていると「ごみを家に持ち帰

解答例から学ぶ

レベルアップ講座

ここがポイント

自分にできることに注目する

警察官を志す者としての理想はそれぞれにあるだろう。しかし、現実が伴わない理想ばかりよりも、続けることができそうなことをいくつか述べるほうが説得力のあるものになるはずだ。

まず、今、自分にできていることに目を向けよう。誇れるほどのことはなくても、何かがあるはず。自分のよいところに注目して展開させれば自信にもつながる。そして、さらに将来してみたいことを書いてみるのもよい。

もうひと工夫

題材選びは慎重に

警察官としての仕事の大まかな内容を知っておくことは基本であり、当然のことである。ついあれもこれもと書いてしまいがちだが、控えめな表現をしたほうがよい場合もある

る」ことが次第に当然になってくるし、ごみを減らそうという意識になるのである。同じように、「小さないけないこと」を続けてしまうと、それもまた当たり前になってしまうのではないだろうか。ごみをたくさん出すことが罰せられるわけではないが、環境への負荷は大きい。無意識に罪悪となる行為をしていることがあるのではないだろうか。警察官を志す者として、自分の行為に責任を持ち、小さくても、よいと思えることは続けていきたいと思う。

また本来、警察官は地域に密着した職業である。居住地域の地理はもちろん、歴史の知識もある程度必要となるだろう。一度に全てできるはずはないけれど、よりよい警察官となれるように、自分の知識としていきたい。そして交番勤務中に、道を尋ねられたとする。小さい子どもや高齢者、初めて来た人にもわかりやすく、丁寧にしかも温かみのある答えができるように、言葉遣いにも注意したいものだ。

警察官としてしなければならないことは山積している。現在、自分で気づかないこともたくさんあるだろう。警察官になったら何をしたいのか、そんなことも考えながら、できることから始めていきたい。

ことを認識しておこう。

応用 **例題で練習しよう**

警察官にできる努力、しなければならない努力／警察官として心がけたいこと／私の警察官像／現代社会に必要な警察官とは／警察官と健康

公務員としての警察官

悪い例

警察官は公務員の一員なので、❶公務員としての自覚を持っていなければならないが、それには何よりもまず、公僕であるということを自覚しておく必要がある。このことをいつも念頭に置き、仕事に励むことが求められる。❷公務員は「全体の奉仕者として、公共の利益のために勤務する」と定められており、❸利益優先の民間企業の勤労者とはおのずから違ってくる。

公共の利益とは、行政サービスなどによって住民の福祉が向上することであるが、全体の奉仕者であるから、その福祉の向上は、住民に対して適切かつ公平でなければならない。

評価

構成	用法・語法	個性
B	A	C

公務員とは何かは当然、頭に入れておきたいものの、暗記していたのか、公務員の定義をそのまま並べ立てたようでぎこちなく硬い文章になってしまっている。

❶ 一つの文章に「自覚」することを二つ並べているが、わかりにくい文章になってしまっている。

❷ 公務員の勤務姿勢が自発的でなくなる印象を与え、前文の「公務員としての自覚」の意味が薄れてしまう。

最近は経済的に厳しい社会情勢を迎え、民間ではリストラなどが行われることも珍しくなくなったが、❹公務員の魅力はリストラがないことだ。それだけ公務員は身分が保障されているわけだが、だからといって、それに安住して公僕としての勤めを忘れてはならない。

特に警察官である場合は、住民が安心して生活できるよう常に地域の安全を守ることが求められており、警察官の仕事は住民の生活と密接に関わっている。❺したがって、仕事をおろそかにすれば直ちに住民の生活が脅かされるということも起こりかねないので、常に仕事に対する情熱と高い使命感を持たなければならない。また、警察官には一般の公務員と違って❻治安維持のための公権力を与えられているので、これを行使することもできる。❼したがって、強い正義感や倫理観を持つことも欠かせない。そうでなければ、その権力の行使において住民の不満を招きかねないからだ。

公務員としての警察官を考えると、❽警察官という仕事は大変に思われるが、住民の安全を守る仕事なので、それが達成できたときの喜びは何よりも大きいに違いない。

---

❸「公共の利益」もあるのだから、ここは単に「利益」とせず、「企業の利益優先の」とする。

❹この表現では誤解を招きかねない。

❺警察官の仕事についてあらかじめ暗記してきた文章をそのまま書き込んだようで、表現がぎこちない。「だから」くらいの表現にとどめる。

❻「与えられているから行使できる」のではなく、「与えられているので、（場合によっては）行使することもある」ことになる。

❼ここも「そのため」くらいの表現にとどめる。

❽単なる説明だけでなく、自分の考え（思い）も述べているのはよいが、もう少し自然な表現を探してみよう。

良い例

公務員である警察官は、職務質問をしたり、逮捕したりする権力を行使することがある。だからこそ、住民の信頼を得ることが欠かせないといえるのではないだろうか。そのためには、警察官である以前に公務員であることを自覚し、一公務員としての奉仕の心を忘れてはならない。

このことをいつも念頭に置き、公務員が不当にリストラされることがないからといって、それに安住することなく仕事に励むことが求められる。公務員の仕事は、企業の利益優先の民間企業の勤労者とはおのずから違ってくる。

解答例から学ぶ

レベルアップ講座

ここがポイント

自分らしいアプローチを考える

一般論としての公務員ではなく、たとえば「国の平和を守る自衛官」や「火災の抑圧・鎮静化と人命救助行って人々を守る消防士」といった、似たような立場の職種を並べ、それは民間ではできないことであり、そこに警察官や自衛官、消防士が公務員である意味がある、などとするのもよいだろう。

ここで差がつく

題材を絞って述べる

繰り返しになるが、定義を述べても、一般論・抽象論にしかならず、あまり意味はない。例文を生かすとすると、前半をカットし、たとえば「住民との関わり」と「権力の行使」という二つの題材に絞って、公務員としての警察官について述べるとよい。参考までに次のような論旨展また、国の平和を守る自衛官や、火災の抑圧・鎮静化と人命救助を行って人々を守る消防士などは民間ではできない仕事であり、そこに地域の安全を守る警察官と同じように公務員である意味があるのだと思う。

特に警察官である場合は、住民が安心して生活できるよう常に地域の安全を守ることが求められており、警察官の仕事は住民の生活と密接に関わっている。だから、仕事をおろそかにすれば、直ちに住民の生活が脅かされるということも起こりかねないので、常に仕事に対する情熱と高い使命感を持たなければならない。先にも述べたが、警察官には一般の公務員と違って治安維持のための公権力を与えられているので、これを行使することもある。そのため、強い正義感や倫理観を持つことも欠かせない。そうでなければ、住民の信頼を得られず、その権力の行使において住民の不満を招きかねないからだ。

公務員としての警察官を考えると、警察官という仕事は大変に思われるが、住民の安全を守る仕事なので、それが達成できたときは何よりも大きな喜びとなるだろう。

開もある。

「公務員である警察官には、職務質問をしたり、逮捕したりする権力を行使することがある。だからこそ、住民の信頼を得ることが欠かせないといえるのではないだろうか。そのためには、警察官である以前に公務員であることを自覚し、一公務員としての『奉仕の心』を忘れてはならない」

応用　**例題で練習しよう**

警察官が公務員であることの意味／行政職の公務員と警察官との違い／公務員の仕事と民間の仕事の違い

犯罪被害者と接するとき

悪い例

私は犯罪被害者に合ったことがないのだが、クラスの中に「満員電車で❶チカンにあった」という女子がいたので、思い切って話を聞いてみた。❷話を聞くと、ある四十代くらいの男性が毎日、自分と同じ車両に乗ってきて、体を密着させてきて気持ちが悪いという。そこで私が思ったことをそのまま口にしたところ、その女子は❸「あんたみたいな人には警察官になってほしくない！」と激しく怒ってしまった。

私が「触られてもいないのに❺チカンだと騒ぐのはよくないと思う。❹チカンと間違われて逮捕され、仕事をやめざるえなくなる男性もいる」と言ったからだ。

評価

構成	用法・語法	個性
B	C	B

実体験をもとに考えたことを生き生きとした表現でまとめている点はよいが、犯罪を未然に防ぐためにはどうしたらよいかという話が中心になってしまっている。もう少し掘り下げて書くとよりよくなる。

❶ 外来語ではない言葉は漢字で書く習慣をつけておこう。ただし、間違った漢字を使うよりはよい。

❷ 前の文節とだぶっている。「話を聞くと」を「すると」と書き換えることですっきりする。

その女子は以前、例の電車男❻のことをインターネットの掲示板に書き込んだことがあるそうだ。すると、次々に「自意識過剰」「被害妄想」「自作自演」などと書き込まれてしまい、とてもショックだったという。そして、❼私は「そういう人たちと同じだ」と非難された。そして、こう言った。

「ストーカーで悩んでいる女性が警察へ相談に行ったら、まともに取り合ってもらえなかったってニュースでよくやってるよね。話をよく聞かないで『気にしすぎ』で終わらせて被害が出てから動くんじゃ、犯罪が減るわけないよね」

この言葉にハッとした。その女子にいつも密着してくるという男性がチカンかどうか私には確かめようがないが、「気にしすぎ」で終わらせてしまってはなんの解決にもならない。せめて「駅員に相談してみたら」「一本早い電車に乗ってみたら」などとアドバイスをしてあげるべきだったと思う。

警察官になったら、深刻な犯罪の被害にあった人とも接することがあるかもしれない。その時には、被害者の言葉にしっかり耳を傾けられるようでいたい。

---

❸「あなた」と丁寧な言葉に直したほうが読みやすくなる。

❹直前の一文と、順序を入れ替えて書き直したほうが読みやすくなる。

❺脱字である。「やめざるをえなくなる」が正しい。

❻インターネットや映画で話題になった「電車男」をイメージしてしまい、誤解を招きやすい。「例の男性」とする。

❼「そして」などの接続詞を連続して使うと、幼稚な印象与えてしまう。この「そして」は、なくても意味が通じる。読み直してみよう。

良い例

私は犯罪被害にあったことがないのだが、クラスの中に「満員電車で痴漢にあった」という女子がいたので、思い切って話を聞いてみた。すると、ある四十代くらいの男性が毎日、自分と同じ車両に乗ってきて、体を密着させてきて気持ちが悪いという。そこで私は「触られてもいないのに痴漢だと騒ぐのはよくないと思う。痴漢と間違われて逮捕され、仕事をやめざるをえなくなる男性もいる」と思ったことをそのまま口にした。私の言葉を聞いた女子は、「あなたみたいな人には警察官になってほしくない！」と激しく怒ってしまった。

その女子は以前、例の男性のことをインターネットの掲示板に書き込ん

解答例から学ぶ

レベルアップ講座

ここがポイント

自分なりの言葉で前向きに書く

自分自身や身近な人の経験をもとに書くことができれば説得力のある小論文になる。身近にそうした題材がない場合でも、テレビや週刊誌の記事などを通して語られる犯罪被害者の言葉に関心を持っていれば、書きたいことがたくさん出てくるはずだ。

もうひと工夫

正義や秩序を守る立場から考える

例文は「犯罪被害者と接する時」というよりも、「犯罪を未然に防ぐための対応を考える」内容の話に終始してしまっている。あなたがその時に対応する警察官だったら、どのように接するだろうか。警察官を志す者として、よく考えることが大切だ。考えたことを文末に書いて結びにしよう。

だことがあるそうだ。すると、次々に「自意識過剰」「被害妄想」「自作自演」などと書き込まれてしまい、とてもショックだったという。私は「そういう人たちと同じだ」と非難された。さらに、こう言われた。

「ストーカーで悩んでいる女性が警察へ相談に行ったら、まともに取り合ってもらえなかったってニュースでよくやってるよね。話をよく聞かないで『気にしすぎ』で終わらせて被害が出てから動くんじゃ、犯罪が減るわけないよね」

この言葉に私はハッとした。その女子にいつも密着してくるという男性が痴漢かどうか私には確かめようがないが、「気にしすぎ」で終わらせてしまっては何の解決にもならない。せめて「駅員に相談してみたら？」「一本早い電車に乗ってみたら？」などとアドバイスをしてあげるべきだったと思う。

警察官を志す者として、犯罪被害者が訴えてきたときには、その言葉にしっかり耳を傾けられるようでいたい。被害者が落ち着いて話すことができるよう、安心と信頼を与えられるようにしたいと思う。

応用
例題で練習しよう
犯罪被害者の人権を考える／犯罪被害者にあった子どもの親と接するとき／犯罪被害者に対する感情について

高齢社会と警察

悪い例

❶私にはまだ実感がないのだが、日本の高齢化はこれからさらに進むといわれている。高齢者が多い社会では、警察の出番となるような事故や犯罪の内容も変わってくるように思う。

たとえば、視力、聴力、運動能力、反射神経の働きなどが衰えてくる高齢者は、歩いているだけでも交通事故に❷会いやすいし、車などに乗る立場であっても交通事故を起こしやすいと聞く。我が家の七〇歳になる祖父もいまだに自分で車の運転をしているが、その祖父が車で出かけると、❸おばあちゃんは帰ってくるまで心配そうにしている。また、祖父母と仲のよい

評価

構成	用法・語法	個性
B	B	B

高齢者が犯罪の被害者になりやすい背景についての分析は間違っていない。目新しい結論までは得られていないものの、全体として破綻なく、うまくまとまっている。

❶「実感がない」とあえていう必要はない。また、祖父母を通して高齢者問題を身近に実感しているらしい中盤と矛盾する。

❷異字同訓・同音異義語には注意。ここは好ましくないことに遭遇する意味の「遭い」とする。誤った漢字で

人たちの様子を見ていると、❹総合的な判断力が低下するのか、相談相手がいない一人暮らしの高齢者は、振り込め詐欺などにあうことも多いようだ。

こうした現実と、警察の仕事は事故の処理や犯罪の摘発だけでなく、そ❺れを防ぐことにあることを考え合わせると、今後は、高齢者の体や心の特性について、警察官がそれなりの知識を持つことが必要になってくると思う。また、知識だけではなく、同じことを何度も言ったり聞いたりしがちな高齢者を相手にしたときに、丁寧な態度を崩さずに相手に話させる、または相手が納得するまで説明をするような忍耐強さも、警察官には求められてくると思う。

❻常に丁寧に高齢者の相手をするという態度を身につけるのは、普段の自分の祖父母に対する態度を振り返ってみても決して簡単なことではないだろう。だが、警察官を志す者として、そういう態度を身につけるための努力を日頃から意識して行おうと思っている。

書くよりは、ひらがなのほうがよい。

❸「おばあちゃん」は話し言葉。「祖母」とする。

❹自分の知っている高齢者の様子だけから、後半の結論を導き出しているので、「を見ていると」ではなく、「を見る限りでは」などとする。

❺複数を受けているので「それらを」に修正。

❻この段落は読み方によっては誤解されてしまう。

良い例

序論

私は祖父母と一緒に暮らしているので、高齢社会という言葉は比較的身近なものとして感じることができる。高齢者が多い社会では、警察の出番となるような事故や犯罪の内容も変わってくるように思う。

本論

たとえば、視力、聴力、運動能力、反射神経の働きなどが衰えてくる高齢者は、歩いているだけでも交通事故に遭いやすいし、車などを運転する立場であっても交通事故を起こしやすいと聞く。我が家の七〇歳になる祖父もいまだに自分で車の運転をしているが、その祖父が車で出かけると、祖母は帰ってくるまで心配そうにしている。また、祖父母と仲のよい人たちの様子を見る限りでは、相談相手がいない一人暮らしの高齢者は、総合

解答例から学ぶ

レベルアップ講座

ここがポイント　ブレインストーミング

高齢社会とは？

↓二〇二〇年の高齢化率は、二八・七％で超高齢社　高齢化率は、上昇傾向にある

高齢者は、どんな被害にあうのか

↓特殊詐欺
① オレオレ詐欺
② 振り込め詐欺

↓交通事故
① 高齢者の運転による事故
② 自転車事故

その原因は？

↓相談相手がいない
↓一人暮らし
↓視力、聴力、運動能力など身体のおとろえ
↓判断力の低下

被害にあわないために、どういった取り組みをすべきか？

↓高齢者の体や心の特性について、知識を持つ
↓丁寧に高齢者の話を聞く、納得するまで説明するなど

的な判断力が低下するのか、振り込め詐欺などにあうことも多いようだ。

こうした現実と、警察の仕事は事故の処理や犯罪の摘発だけでなく、それらを防ぐことにあることを考え合わせると、今後は高齢者の体や心の特性について、警察官がそれなりの知識を持つことが必要になってくると思う。また、知識だけではなく、同じことを何度も言ったり聞いたりしがちな高齢者を相手にしたときに、丁寧な態度を崩さずに相手に話させる、または相手が納得するまで説明をするような忍耐強さも、警察官には求められてくると思う。

結論

常に丁寧に高齢者の相手をするという態度を身につけるのは、決して簡単なことではないだろう。慕っている祖父母を相手にしているときでさえ、昔の話を繰り返し聞かされたりすると、つい邪険にしてしまうことがあるからだ。身内なら許されるある程度の甘えも、他人に対しては許されるものではない。警察官を志す者として、人生の先輩に対する敬意を忘れず、忍耐と寛容さを身につけるための努力を日頃から意識して行おうと思っている。

の対応

ここで差がつく　構成を見直してみよう

序論　**高齢社会の現状**

本論　**高齢者がが遭う被害とその原因**

↓身体能力の衰え

・交通事故

↓判断力の低下

・振り込め詐欺

結論　**高齢者の被害を防ぐためにすること**

↓高齢者に接する時は、敬意を忘れず、忍耐と寛容さを身につける

応用　例題で練習しよう

高齢者に信頼される警察官とは／高齢者を犯罪被害者にしないために／高齢者の犯罪について考える／高齢社会の安全と治安

未成年の犯罪について

悪い例

未成年の犯罪が毎日のように新聞やテレビのニュースをにぎわし、大きな問題となっている。それが、いたずらの延長のようなものなら、「まだ、子どもだから」と❶大目に見れるし、大きな問題になることもないだろう。

しかし、最近の未成年の犯罪には、目をおおいたくなるような残酷な犯罪や、ときには大人顔負けの計画的なものもある。❷大人たちは、こうした犯罪をテレビなどで見るたびに、「未成年でありながらどうして、そんな犯罪ができるのか」と、絶句するばかりである。

❷大人たちの戸惑いを前に評論家たちは、「あくまで本人が悪い」、「親の育て方が悪い」、「学校が悪い」、「政治が悪い」、「社会が悪い」などと、❸異

評価

構成	用法・語法	個性
B	C	C

自分も含め多くの人たちのいろいろな見方に触れながら、常識的なまとめ方をしているが、一般論の域を出ていない。書き言葉や慣用句など、用法・語法の不正確さも気になる。

❶ 話し言葉になってしまっている。

❷ 「大人たち」とすると、受験者の立場があやふやになってしまう。自分の考えを述べているので、自分も含めて、「私たちは」とするのが適切。二段落目の冒頭も同様である。

口同音にその原因を口にする。しかし、それらを聞いても、どうもしっくりこない。犯罪の数だけ原因はあるのだろうし、だから、未成年の犯罪といっても、その原因をひとくくりにして探ろうというのは、もともと無理があるのかもしれない。ただ、共通しているのは、罪を犯した後の未成年である犯人を見ると、あまり罪の意識のないことだ。

これは、おそらく現代が情報過多の時代であるということと、無縁ではないように思われる。子どもたちは生まれたときから、テレビが流す映像の世界や、テレビゲームというバーチャルな世界に❹無我夢中になっている。その一方で、ほとんど社会経験を積んでいない。しかし、現実の世界は、人と人とがふれ合い、ともに楽しんだり共感し合ったり、ときには憎しみ合ったりという、生身の人間がぶつかり合っているのだ。

情報過多時代を生きる今の子どもたちは、頭の中ばかりで「社会経験」を積み、現実の社会とどんどんかけ離れていってしまっている。❺ここに未成年の犯罪の原因があり、そのギャップをどう埋めていくかが、解決策の糸口になるのではないかと思われる。

---

❸「異口同音」とは、「みんな口を揃えて同じように言うこと」で、ここは明らかに用法が間違っている。熟語の用法の間違いは大きな原点となるので、自信がなければ無理に使わない方がよい。ここは「いろいろ」または「さまざまに」で十分に意味は伝わる。

❹「無我夢中」というのは言い過ぎ。「夢中になっている」くらいにするか、控えめに「親しんでいる」の表現にとどめる。

❺受験者自身、未成年の犯罪の原因をひとくくりにするのは無理があると前述していることと矛盾する。

良い例

序論

未成年の犯罪が毎日のように新聞やテレビのニュースをにぎわし、大きな問題となっている。最近の未成年の犯罪には、目をおおいたくなるような残酷な犯罪や、ときには大人顔負けの計画的なものもある。私たちは、こうした犯罪をテレビなどで見るたびに、絶句するばかりである。

本論

私たちの戸惑いを前に評論家たちは、「あくまで本人が悪い」、「親の育て方が悪い」、「学校が悪い」、「政治が悪い」、「社会が悪い」などと、いろいろその原因を口にする。しかし、それらを聞いてもどうもしっくりこない。犯罪の数だけ原因はあるのだろうし、だから、未成年の犯罪といっても、その原因をひとくくりにして探ろうというのは、もともと無理がある

解答例から学ぶ

レベルアップ講座

ここがポイント

ブレインストーミング

未成年の犯罪傾向は?
↓未成年の犯罪が凶悪化している（警察白書）

未成年の犯罪はどのように思われているのか?
↓親の育て方が悪い、学校が悪い、政治が悪い、社会が悪い→本当にそうなのか?

未成年の犯罪の原因は?
↓情報過多
・テレビやネットから得る情報が多い
↓現実の世界に実感がない
・ゲームなどのバーチャルな世界に夢中
↓核家族化
・身内の死や他人の痛みに接する機会が少ない

解決策は?
↓現実の社会の中で社会経験を積む

のかもしれない。ただ、共通しているのは、罪を犯した後の未成年である犯人を見ると、あまり罪の意識のないことだ。

これは、おそらく現代が情報過多の時代であるということと、無縁ではないように思われる。子どもたちは生まれたときから、テレビが流す映像の世界や、テレビゲームというバーチャルな世界に夢中になっている。さらに、私たちは子どもの頃、外で取っ組み合いの喧嘩をしたこともほとんどないし、核家族であるために身内の死に出会うという経験もあまりなかった。そのため、他人の痛みや人の死というものを身をもって実感することができにくくなっているのかもしれない。しかし、現実の世界は、人と人とがふれ合い、ともに楽しんだり共感し合ったり、ときには憎しみ合ったりという、生身の人間がぶつかり合っている。

結論

情報過多時代を生きる今の子どもたちは、頭の中ばかりで「社会経験」を積み、現実の社会とどんどんかけ離れていってしまっている。ここに未成年の犯罪の原因の一つがあり、そのギャップをどう埋めていくかが、解決策の糸口になるのではないかと思われる。

ここで差がつく　**構成を見直してみよう**

序論　**未成年の犯罪の凶悪化**

本論　**未成年の犯罪の背景、要因**

↓犯罪を犯した未成年の罪の意識のなさ

↓情報過多な時代

・テレビ映像やゲームなどバーチャルな世界に夢中

↓核家族化

・身内の死や他人の痛みを実感できない

結論　**未成年の犯罪を解決するには**

↓現実社会で社会経験を積み、頭の中だけの世界と現実社会のギャップを埋める

応用　**例題で練習しよう**

少年の犯罪の多発性について／犯罪の低年齢化／少年犯罪と刑罰／未成年の犯罪防止について／罪を犯すということ

子どもを犯罪から守る

悪い例

一昔前なら子どもは日が暮れるまで戸外で遊んでいたものだが、❶今はあまりにも危険でそれはできない。子どもが犯罪の被害者になる事件が各地で頻発しているため、公園など戸外で子どもが遊ぶ場合、親が付き添うようになった。戸外で遊ばないときは、今の子どもは屋内でコンピューターゲームなどで遊んでいる。❷体を思い切り動かす機会が少なくなり、子どもたちの体力が年々低下し、肥満や糖尿病などの生活習慣病にかかる子どももいる。

子どもが不審者に出会ったら「行かない（いか）かない、乗（の）らな

評価

構成	用法・語法	個性
B	B	B

子どもを守るための警察の防犯指導について、受験者の主張は分からなくはないが、視点にやや偏りが見られる。また、語彙力・表現力が不足している点が残念。

❶「今はそういうことをするのはあまりにも危険な」などに言い換えるとわかりやすくなる。

❷今の子どもたちの問題は肉体面だけではない。遊びを通して対人関係を学ぶ機会が少ないことも問題ではないだろうか。

い、大声（お）を出す、すぐ（す）逃げる、知（し）らせる」の五つの心がけを❸警察は勧めている。それぞれの頭文字をとり「いかのおすし」という合言葉になっている。子どもを守る家を設置したり、バス会社と連携したりして子どもを守る取り組みも行われている。

❹それはそれでけっこうなことだが、果たしてこれでいいのだろうか。私は警察を批判するつもりはないが、この❺「いかのおすし」の趣旨がどうも引っかかる、これでは、子どもは大人に対する不信感や警戒心をつのらせるだけではないだろうか。子どもが友達の母親に殺される物騒な世の中だから仕方がないのだろうが、❻大人を信用できなくなった今の子どもたちが大人になったら、健全な人間関係を築けるのかどうか心配だ。

子どもを取り巻く環境が最悪になっている今、大人ができることはなんだろう。大人が子どもの信頼を取り戻すには、大人一人ひとりが自分の行動に責任をもつ必要がある。❼自分には子どもがいないから何をしてもかまわないということは許されない。子どもは、いつも周囲の大人の行動を見て育つ。子どもは、社会が育てるものだからだ。

---

❸前段とのつながりがわからないので「警察は」を冒頭に移動したほうがよい。

❹この表現も稚拙で誤解されやすい。「しかし」に変えたほうがすっきりする。

❺「いかのおすし」はあくまでも子どもが不審な大人に出会った場合の対応であることも記述しておきたい。また、話し言葉になってしまっているので注意しよう。

❻決めつけすぎているような印象を受ける。

❼この一文は不要である。唐突で意味も不明である。しかもここでは一般論として「大人」という言葉を使っているので、子どもがいる、いないは関係がない。

良い例

一昔前なら子どもは日が暮れるまで戸外で遊んでいたものだが、今はそういうことをするのはあまりにも危険だ。子どもが犯罪の被害者になる事件が各地で頻発しているため、公園など戸外で子どもが遊ぶ場合、親が付き添うようになった。私の家の近所の児童公園は、周りを高い木々で囲まれているので、近くを通るたびに危険ではないかと感じている。今の子どもは戸外で遊ばないときは、屋内でコンピューターゲームなどで遊んでいる。体をあまり動かさなくなった子どもたちは肥満などの生活習慣病が増え、対人関係も苦手になりがちだ。

警察は子どもが不審者に出会ったら「行かない（いか）かない、乗（の）

序論

解答例から学ぶ

レベルアップ講座

ここがポイント

ブレインストーミング

子どもが遊ぶ場所は？

→児童公園：不審者がいるかもしれないので、親が付き添う

→屋内：遊びは、コンピューターゲームが多く、体を動かさない

子どもを守る取り組みは？

→「いかのおすし」(防犯標語)

→子どもを守る家、バス会社と連携

「いかのおすし」に子どもはどう反応するのか？

→大人への不信感や警戒心が募るのでは？

→他人に心を開かなくなるのでは？

子どもを犯罪から守るには？

→大人が自分の行動に責任を持つ

→子どもの信頼を取り戻す

らない、大声（お）を出す、すぐ（す）逃げる、知（し）らせる」の五つの心がけを勧めている。それぞれの頭文字をとり「いかのおすし」という合言葉になっている。子どもを守る家を設置したり、バス会社と連携したりして子どもを守る取り組みも行われている。

しかし、果たしてこれでいいのだろうか。私は、不審な大人に出会ったときの対応とはいえ、この「いかのおすし」の趣旨がどうも疑問だ。これでは、子どもは大人に対する不信感や警戒心をつのらせるだけではないだろうか。子どもが友達の母親に殺される物騒な世の中だから仕方がないのだろうか。子どもが他人に心を開かなくなったら、大人になって対人関係をうまく築けないのではないだろうか。

子どもを取り巻く環境が最悪になっている今、大人ができることはなんだろう。大人が子どもの信頼を取り戻すには、大人一人ひとりが自分の行動に責任をもつ必要がある。子どもは、いつも周囲の大人の行動を見て育つ。子どもは、社会が育てるものだからだ。私は警察官として、子どもが日が暮れるまで戸外で安心して遊べる地域社会をつくる努力をしていきたいと思う。

本論　結論

ここで差がつく　構成を見直してみよう

序論　**子どもが戸外で遊ぶ危険性について**

本論　**子どもは、大人に不信感をもたないか？**
↓防犯標語「いかのおすし」
↓大人への不信感や警戒心が増す可能性

結論　**子どもを犯罪から守るには**
↓大人が自分の行動に責任を持って子どもの信頼を取り戻す

応用　例題で練習しよう

子どもの自殺を防ごう／いじめをなくすには／児童虐待について考えること／通学路の安全を確保する／子どもが安心して遊べる地域にするには

地域に役立つ警察官とは

悪い例

最近、日本は治安が悪くなったといわれているが、私が生まれ育った自治体ではこれまで特に凶悪な事件が起こったことはない。

❶とはいえ、空き巣や窃盗、痴漢行為などが以前よりも増えていることは事実だ。先日も母の友人が近所を散歩中、自転車に乗った中学生にかばんをひったくられた。また、数年前には隣の家にどろぼうが入って現金が盗まれた。東京でも比較的安全な地域でさえ、このような事件が最近はひんぱんに起こるようになってきた。これは大変由々しきことである。

治安が悪化する原因はいくつかある。❷地域社会の結び付きが希薄になっ

評価

構成	用法・語法	個性
C	B	B

志は立派だが、独善的な考えでまとまってしまっている。「地域に役立つ警察官」を社会問題に結び付けている点はよいが、社会的弱者・少数派については、人権に配慮した表現が求められる。

❶断定的な表現をしすぎないように注意しよう。「以前」も具体的にいつごろのことかあいまいだ。

❷ここも断定しすぎている。文法的にも不正確で、いわゆる「ワーキングプア」の人たちが誤解される恐れがある。

たこと、富裕階級とワーキングプアなどと呼ばれる階級格差が生じていること、そして、外国人の増加などがその主な原因だ。

治安悪化の原因はこのほかにもいろいろあるが、❸一番の原因は、なんといっても地域社会の結び付きが希薄になったことだろう。生活が便利になって、近所付き合いをまったくしなくても暮らしていける世の中になったことがかえってよくないのかもしれない。

地域の安全を守る警察は、これからますます責任が重くなるだろう。❹不審者を徹底的に取り締まること、昼夜を問わず人気のない場所を重点的にパトロールすることは言うまでもない。

しかし、私は同時に警察は地域住民に親しまれなくてはならないと常々思っている。私が警察官になったら、多くの市民に積極的に声をかけるよう心がけたい。❺これからの警察は事件や事故に対処するだけでは不十分なので地域社会の結び付きと温かさを取り戻すことによって犯罪の起こりくい安全な環境をつくる役目を果たさなければならないと思うからだ。

また、外国人の増加が治安の悪化に結び付くと断定することは人権問題に抵触するので避けたい。

❸治安悪化の原因は地域社会の崩壊だけではない。

❹この表現も誤解を招きやすい。取り締まりを強化するあまり、誤認逮捕や冤罪につながる恐れがある。

❺文章が長く、読点が一つもないので読みづらいので途中で区切るとよい。

良い例

最近、日本は治安が悪くなったといわれているが、私が生まれ育った自治体ではこれまで特に凶悪な事件が起こったことはない。

とはいえ、空き巣や窃盗、痴漢行為などが私の小学校時代より増えているようだ。先日も私の母の友人が近所を散歩中、自転車に乗った中学生にかばんをひったくられた。また、数年前には隣の家にどろぼうが入って現金が盗まれた。東京でも比較的安全な地域でさえ、このような事件が最近はひんぱんに起こるようになってきた。これは大変由々しきことである。

治安悪化の原因はいろいろとあるだろうが、治安が悪化する原因は、経

序論

解答例から学ぶ

レベルアップ講座

ここがポイント

ブレインストーミング

地域にとって安全とは？

→事件や事故がなく、安心・安全に暮らせる

＝治安が良い

←日本は治安が悪くなったのでは？

治安悪化の原因

→経済の低迷

→格差社会

→住民同士の結び付きの薄さ

→住民の規範意識の低下

警察官として、地域で役に立つためにすること

→事件や事故の対処

→市民と積極的にかかわりを持ち、結びつきを深めて、犯罪を減らす

ここで差がつく

構成を見直してみよう

序論 **地域の治安の現状**

本論 **治安悪化の原因は何か**

済の低迷によって失業者が増加したり、富裕層と貧困層の間に格差が生じたりしていることにあると考えられる。

また現代社会は地域住民同士の結び付きに乏しく、人間関係が希薄なうえに、家庭の役割が変質し、市民の規範意識が低下していることも非行や犯罪の増加に拍車をかけている。

そのようななか、警察官は今後ますます期待されるだろう。地域の安全を守るには、不審な物や人を見逃さず、昼間でも人気のない場所を重点的にパトロールすることが大切だ。

しかし、私は同時に警察は地域住民に親しまれなくてはならないと常々思っている。私が警察官になったら、多くの市民に積極的に声をかけるよう心がけたい。これからの警察は事件や事故に対処するだけでは不十分である。警察官が市民と積極的にかかわりをもって結び付きを強めていくことで、地域社会における人間関係の希薄化を防ぎ、犯罪の起こりにくい安全な環境をつくる役目も果たさなければならないと思うからだ。

本論　結論

↓経済の低迷
↓格差社会
↓住民同士の結び付きの薄さ
↓住民の規範意識の低下

結論　**警察官として地域に役に立つには**

↓市民と積極的にかかわりを持つ
↓地域社会で人間関係の希薄化を防ぎ、結びつきを深める
↓犯罪の起こりにくい安全な環境をつくる

応用

例題で練習しよう

地域の警察について思う／住民に身近な警察官とは／地域から求められる警察官像／住民が安全に安心して暮らすためにすること／地域の警察の役割

警察官にとっての優しさとは

悪い例

❶テレビや映画に出てくる交番勤務のお巡りさんは、自転車に乗って、登校する子どもたちには「おはよう」の声かけをしたり、杖をついた高齢者がいれば荷物を持ってあげたりと、いろいろ気を使ってくれる存在である。一方、捜査や取り調べなどを行っている刑事さんたちには緊張感も漂うが、妙に優しさを感じたりする。❷「公僕」という言葉で表現されるように、いかに一般市民の役に立てるか。気配りや他人への思いやりといった資質が求められる、警察官とはそういう職業であると思う。

また、不特定多数の人間と関わる警察官だからこそ、自分が勤務する地

評価

構成	用法・語法	個性
C	B	B

「優しさ」は警察官に限らず求められるものだが定義づけは難しい。具体例をあげて「優しさ」について説明をしようとする点はよいが、言いたいことがまとまらず、わかりにくい文章になってしまっている。

❶長文で、しかも内容が多すぎるので文章を分けたほうがよい。

❷突然「公僕」といわれても、何を言いたいのか理解できない。

❸「しなければならない」という言葉がすぐ上にもあっ

域の特性を知り、居住している人々を知ることも大切だろう。サラリーマンが、自社の歴史や商品を理解しなければならないのと同じく、❸しなければならない「責任」の一つであるだろう。❹そういう責任や自覚こそが地域社会、コミュニティに関わる人の出発点になるのではないだろうか。そして、責任や自覚がなければ、地域の一員として❺人々に信頼される警察官にはなれないと思う。

交番の前でムッとした顔をしているお巡りさんには、道を尋ねにくい。同じ地域に住む住民としては、名前を知らないよりは、知ってもらっていたほうが親しみがわく。笑顔や話し方など、ちょっとした心遣いがあれば、プライベートなことなども話したいときがあるかもしれない。

警察官の優しさが何なのか、ひと言で言うことはできないけれど、「相手を思う心」が基本になるのではないだろうか。それがあるから信頼関係を築くことができる。❻現代社会だからこそ、人とのつながりを大切に、笑顔で接してくれる温かさが警察官に求められているのだと思っている。

て重複している。

❹言いたいことがまとまっていない。「責任や自覚こそが地域社会、コミュニティに関わる人の出発点となり、他人への優しさにつながっていくのではないだろうか」のようにするとよい。

❺「信頼される警察官」と「優しさ」の関連性が不明なので、この文章のもつ意味が不確かになってしまっている。

❻「現代社会だからこそ」とあるが、どんな現代社会なのか、具体例をあげると説得力が増す。

良い例

テレビや映画に出てくる交番勤務のお巡りさんは、自転車に乗って、登校する子どもたちには「おはよう」の声かけをしたり、杖をついた高齢者がいれば荷物を持ってあげたりする。いろいろ気を遣ってくれる存在である。一方、捜査や取り調べなどを行っている刑事さんたちには緊張感も漂うが、妙に優しさを感じたりする。「公僕」として、公務員としての警察官がいかに一般市民の役に立てるか。気配りや他人への思いやりといった資質が求められる。警察官とはそういう職業であると思う。

また、不特定多数の人間と関わる警察官だからこそ、自分が勤務する地域の特性を知り、居住している人々を知ることも大切だろう。サラリーマ

序論

解答例から学ぶ

レベルアップ講座

ここがポイント **ブレインストーミング**

警察官のイメージは?
→交番勤務：高齢者に親切、にこやかで話しやすい、礼儀正しい
→刑事：緊張感がある、厳しい

優しさとは何か?
→損得を考えず相手のためにすること
→他人への思いやり

警察官に求められていることとは?
→全体の奉仕者「公僕」という立場をわきまえた行動
→地域の特性や住んでいる人々を知る努力
→地域の住民から信頼されること

ここで差がつく **構成を見直してみよう**

序論 **警察官のイメージと必要な資質**
→「公僕」として市民の役に

ンが、自社の歴史や商品を理解していなければならないのと同じく、警察官の「責任」の一つであるだろう。責任や自覚こそが地域社会、コミュニティに関わる人の出発点となり、他人への優しさにつながっていくのではないだろうか。

本論

　交番の前でムッとした顔をしているお巡りさんには、道を尋ねにくい。同じ地域の住民としては、名前を知らないよりは、知ってもらっていたほうが親しみがわく。笑顔や話し方など、ちょっとした心遣いがあれば、プライベートなことなども話したいときがあるかもしれない。

結論

　警察官の優しさが何なのか、ひと言で言うことはできないけれど、「相手を思う心」が基本になるのではないだろうか。そして、責任や自覚がなければ地域の一員として人々に信頼される警察官にはなれないと思う。それがあるから信頼関係を築くことができる。隣に住んでいてもあいさつをしなかったり、教育者が事件を起こしてしまったりと、そんな現代社会だからこそ、人とのつながりを大切にし、笑顔で接してくれる温かさが警察官に求められているのだと思っている。

立っている
↓気配りや他人への思いやりがある。

本論 **優しさにつながるためにすること**
↓地域の特性と住民を知る努力
↓警察官としての責任と自覚を持つ

結論 **警察官の優しさとは何か**
↓基本は「相手を思う心」
↓人とのつながりを大切にすること
↓笑顔で接する温かさを持つこと

応用 **例題で練習しよう**

どのような警察官になりたいか／警察官としての厳しさとは／警察官と笑顔／信頼される警察官になるために／警察官としての誇り

ルールとマナー

悪い例

スポーツにはいろいろなルールがあって、守らなければ❶ゲームが成り立たないし、退場させられる場合もある。だから、ルールは守って当たり前、それがスポーツの世界だ。

❷では、スポーツに限らず、日常生活面の現実はどうだろう。朝、家を出て駅に向かう道で、いろんな光景を目にする。❸ゴミ置き場のすぐそばにカラスが集まっていたり、路上駐車のせいで見通しが悪くなったりしている場所もある。信号無視をする人、赤信号になっているのに無理に突っ込んでくる車。踏切では、遮断機が降りかかっているのに、急いで渡る人など、

評価

構成	用法・語法	個性
B	B	B

ルールを守らないことについて、自分の体験を踏まえて書いているので説得力はあるが、ゴミ出しと交通の問題が混ざってしまい、やや煩雑な感じになっている。どちらかに絞りたい。

❶「ゲームが成り立たない」だけにしたほうがよい。「退場させられる場合もある」を入れると退場することが嫌でルールを守っているように受け取れる。

❷「では、日常生活面ではどうだろう」とストレートな導入のほうがわかりやすい。

❹大人は何をしているのか。

もちろん、ルールを守らないのは一握りの人々だろう。しかし、そのために事故が起きたり、不快な思いをしたりすることも多くある。なぜルールが守れないのか、❺個人個人の意識の問題ではあるが、社会全体の意識という部分でも「意識の低下」が感じられ、不安になってしまう。

❻ただ私自身、ゴミ出しの時に「面倒だな」と思ってゴミ袋をバケツに入れなかったことがあり、後で嫌な気分になった。ついやってしまった事がルール違反になったり、マナー違反になる場合がたくさんあると思う。

車社会でもあり、大事故につながるかもしれない現在こそ、常日頃から「ルールは守るべきもの」という意識を持っていたいものだと思う。そして、ルールを守るだけでなく、「お先にどうぞ」といった譲り合いの心を持つことができれば、事故の軽減にもつながるのだろう。❼毎日、バスに乗りながら思う日々だ。

---

❸「カラス」と「ゴミ置き場」との関連、ルールとの関連が説明不足である。

❹唐突な感じがする。それになぜ大人に限定するのか。ルールやマナーは、子どもも守るべきものである。

❺個人個人の意識と社会全体の意識の違いを、具体的に述べたいところ。

❻マナー違反とルール違反の違いがわからない。終章で車社会にふれているので、交通マナーについての例を挙げるとよい。

❼唐突で、あまり意味のない記述。

良い例

スポーツにはいろいろなルールがあって、守らなければゲームが成り立たない。だから、ルールは守って当たり前、それがスポーツの世界だ。

序論

では、日常生活面ではどうだろう。朝、家を出て駅に向かう道で、いろんな光景を目にする。ゴミ置き場では、ゴミ出しのルールを守らないで出したゴミがカラスに荒らされて散らかっている。交通ルールについていえば、信号無視をする人、赤信号になっているのに無理に突っ込んでくる車、踏切の遮断機が降りかかっているのに急いで渡る人など、事故につながりかねない場面に遭遇する。

本論

解答例から学ぶ
レベルアップ講座

ここがポイント **ブレインストーミング**

ルールとマナーの定義
→ルール：規則、通則
→マナー：行儀、作法、礼儀

交通ルールと交通マナーの違いは？
→交通ルール違反
信号無視、スピード違反、ながら運転、駐車違反など
→交通マナー違反
むやみにクラクションをならす、ゴミのポイ捨てなど
＊どちらも交通事故につながる

ルールとマナーはなぜあるのか？
→大事故につながらないため
→社会活動が円滑に営まれるため

ここで差がつく **構成を見直してみよう**

序論 **ルールについて**
→スポーツでは、ルールがないとゲームが成り立たない

もちろん、ルールを守らないのは一握りの人々だろう。しかし、そのために事故が起きたり、不快な思いをしたりすることも多々ある。なぜルールが守れないのか。個人の意識が低下し、その結果、社会全体の意識も低下しているのだと思う。

また、雨の日には車が勢いよく水たまりに突っ込み、泥水が歩行者や自転車にかかるという場面をよく見かける。これは明らかにマナー違反。周囲の状況をよく見て、どうすれば迷惑をかけないかを考えてほしいものだ。

車社会でもあり、大事故につながるかもしれない現在こそ、常日頃から「ルールは守るべきもの」という意識を持っていたいものだと思う。そして、ルールを守るだけでなく、「お先にどうぞ」といった譲り合いの心を持つことができれば、事故の軽減にもつながるだろう。ルールやマナーは社会生活が円滑に営まれるためにあるということを、警察官を志すものとしてしっかり意識して行動したいと思う。

結論

ルールは守って当たり前

本論　**交通ルールと交通マナー**

→交通ルール違反：信号無視、降りかけている遮断機を渡る

→交通マナー違反：雨の日の迷惑運転

結論　**警察官として、ルールとマナーを意識する**

→大事故につながらないため

→社会活動が円滑に営まれるため

応用　**例題で練習しよう**

ルールと自己責任／より求められるマナーとは／ルールが軽視される時／きまりを守るということ／マナー向上のためにできること

第6章

実践問題

第1章～第5章までをふまえ、実際に原稿用紙を準備して小論文を書いてみましょう。本章では、第4章で示したプロセスを導くヒントが示されています。

課題 1

最近、あなたが感動したことと、そこから得た教訓を述べよ

ブレインストーミング

いつ、どのようなことに感動したか？

どのようなことを学んだか？

その学びを今後、どのように活かしていきたいか？

MEMO

何を中心に書くか？

書き出しをどうするか？

どんなことを訴えるか？

文章構成をどうするか？

序論：

本論：

結論：

模範解答

序論

私はどちらかと言えば要領が悪いほうだ。電車を待つ列の先頭に並んでいたのに、電車がホームに入ってきてドアが開いた途端、あとから乗ってきた乗客にあっという間に席を取られ目的地までずっと立っていることはしょっちゅうだ。あまりにも要領の悪い私はクラスの笑い者だった。しかし、人生には要領のよさよりもっと大切なものがあることに最近私は気づかされた。

本論

八十代後半の私の祖母は、健康維持と友人との交流のために週一回、コミュニティーセンターが主催する体操教室に通っている。その体操教室では近くの大学に通う大学生たちが単位を取るために、教室のアシスタントを務めている。

ある日、私は祖母に付き合ってその体操教室を見学することになった。

解答例から学ぶ

レベルアップ講座

ここに注目

アプローチ

→「感動」というと、本を読んだり、映画を観たりして覚えた「感動」という題材が思い浮かびがちだ。しかし、例文のように、身近な人と交流をもったことがきっかけとなり、思いがけない感動を受けた経験もよい題材になる。人との出会いや触れ合いといった題材は、生身の〝熱さ〟があるため個性を出しやすく、読み手に伝わる力もある。

ここがポイント

ブレインストーミング

❶いつ、どのようなことに感動したか?

❷どのようなことを学んだか?

❸その学びを今後、どのように活かしていきたいか?

とはいっても、単なる暇つぶしに過ぎなかった。お年寄りの体操教室なんてどうせ退屈だろうし、学生さんだって単位が欲しくて参加しているのだからやる気もないだろう。なるべく早く終わればいいなと思っていた。❶

ところが、学生さんたちのひたむきさに私はすっかり感動した。教室が終わって次の講義に行こうとしていたある学生さんが、腕の力が弱くて「ペットボトルが開けられない」とおばあさんに呼び止められ、「はい、どうぞ」と、嫌な顔を少しも見せず開けてあげていた。「ホームヘルパーが急病で来られなくなってね」と、一人暮らしのおじいさんが言えば、「私がお手伝いします」と協力を申し出る学生もいた。

私はぜひ彼らを見習いたいと思った。そして、あの日、体操教室を見学に行って本当に良かったと思う。❷損得を抜きにした学生さんたちから、私は多くのものを学ぶことができた。さらに、❸ボランティア活動に興味を持つようになり、自分にできる活動を少しずつ実行しているところだ。

今では自分の要領の悪さに落ち込むことはなくなった。

結論

ここで差がつく　構成を見直してみよう

何を中心に書くか?
→体験教室で出会った学生から学んだボランティア精神

書き出しをどうするか?
→何をやっても要領の悪い自分の性格

どんなことを訴えるか?
→自分の要領の悪さを気に病むよりも、周囲の人たちとのコミュニケーションを大切にし、困っている人をすぐに助けられるボランティア精神を持つことのほうが大切

課題 2

〝私の進む道〟についてどのように考えるか、これまでの経験を踏まえて述べよ

ブレインストーミング

警察官を目指すきっかけになった出来事は何か？

自分の性格のどんなところが警察官に向いていると思うのか？

自分のどんな経験が将来、どのように役に立つと思うか？

MEMO

何を中心に書くか？

書き出しをどうするか？

どんなことを訴えるか？

文章構成をどうするか？

序論：

本論：

結論：

模範解答

序論

❶ 私は、子どものころからよく両親に、「お前は運動神経がいいし、正義感が強いから警察官になるといい」と言われてきたが、いよいよ進路を決める時期となり、警察官になるとはどういうことか、本当に自分に向いているのかなどをじっくりと考えてみた。

まず、警察官は人々の暮らしを守るという非常に重要な役割を担っている。危険をともなうこともあり、生半可な気持ちではできないものである。

本論

❷ 私は負けず嫌いで、一度これをやると決めたことは難しいと思ってもやろうとするほうだし、何よりも忍耐力は人一倍あるから、これは大丈夫だと思った。小学校のとき、サッカークラブに入ったが、私はうまくドリブルができなかった。それが悔しくて、持ち前の根性と忍耐力で毎日毎日練習した結果、最終的にはクラブの誰よりもドリブルがうまくなった。

解答例から学ぶ

レベルアップ講座

ここに注目

アプローチ

→例文は「私の進む道」という課題を、警察官という仕事への志望動機にストレートに結び付けている。おそらく、このアプローチが最も一般的である。

しかし、この課題は必ずしも「将来の職業」にこだわらなくてもよい。人間としてどうありたいか、どのような社会人になりたいかといった観点からもアプローチできるはずだ。警察官志望であることを忘れてはいけないが、それにこだわりすぎず、自分なりのアプローチをしよう。

ここがポイント

ブレインストーミング

❶ 警察官を目指すきっかけになった出来事は何か?

❷ 自分の性格のどんなところが警察官に向いている

規律やチームワークも必要だ。チームプレーのスポーツではルールや監督の指令を守り、力を合わせて勝利を目指すことが大切だが、それと同じように事件や事故の対応でもチームワークが必要とされるはずだ。❸私の場合、小学校時代から続けてきたサッカーを通して、チームワークに必要な規範意識や仲間との連携などを学んできたと思う。

また、道案内や落とし物などといった住民の困りごとに直接対応するような仕事は、交番の警察官にとって主要な仕事だ。相手の立場に立って親切に接するだけでなく、どのような状況なのかを素早く理解して、正確に対応することで、困っている人を直接助けることができる。毎日の仕事の中で警察官としてのやりがいを感じることができるだろう。

自分が警察官になったら、先輩たちを見習い、一生懸命に取り組んでいきたい。

結論

❸ 自分のどんな経験が将来、どのように役に立つと思うのか？と思うか？

ここで差がつく　構成を見直してみよう

何を中心に書くか？
↓サッカークラブでの経験
書き出しをどうするか？
↓両親に運動神経と正義感を褒められ、警察官になることを勧められた
どんなことを訴えるか？
↓サッカークラブでの経験から学んだことが、警察官の仕事でも生かせる

課題 3

困難を乗り越えた経験について述べよ

ブレインストーミング

どのような困難にぶつかったか？

困難をどのように克服したか？

困難を乗り越えた経験から何を学んだのか？

MEMO

何を中心に書くか？

書き出しをどうするか？

どんなことを訴えるか？

文章構成をどうするか？

序論：

本論：

結論：

模範解答

私が中学に入学してバスケットボール部に入部したとき、先輩から「とにかく初戦突破が悲願だ。君たちもそのつもりで、頑張ってほしい」と言われた。というのも、まだ創部から日が浅く、他校との試合では一度も勝ったことがなかったからだった。出る大会、出る大会、いつも初戦敗退だったのだ。しかも練習に出てみると、皆がバラバラで、勝とうという練習ではなく、その熱意も伝わってこなかった。

はじめのころはそんな練習に「変だな」という気持ちを抱いたのだが、だんだん慣れてきて、「楽しければいいか」と思うようになった。こうして、とうとう一勝もできないまま、私の一年生は終わった。

序論

❶二年生になると、新しい部員が思うように集まらなくなった。その理由を尋ねると、「弱い部になんか、入りたくない」というものだった。それ

本論

解答例から学ぶ

レベルアップ講座

ここに注目

アプローチ

→どんな経験を書くのか、それを決めるのが先決。クラブ活動で頑張った経験などを思いつけばよいが、「困難を乗り越えた経験」と言われると、特別な経験のように受け取ってしまい、なかなかそういった経験が思いつかないかもしれない。たいした経験ではないと思われても、「校内マラソン大会で最後まで走り抜いた経験」や「やっと上手にハンバーグを作ることができた」など、自分にとって大変だった経験を取り上げればよい。

ここがポイント

ブレインストーミング

❶どのような困難にぶつかったか?

❷困難をどのように克服したか?

からは、練習でも皆、元気がなくなってしまったようだった。そんなとき、私は思い出したのだ。❷入部したときの先輩の言葉と、そのときの私自身の違和感を。そこで、なんとかして初戦突破の夢を果たしたいという気持ちから、思い切ってそれを話してみた。三年生の先輩に「生意気だ」と言われても構わないと思ったのだが、皆も同じ気持ちだったことがわかった。

それから一気に練習に熱が入るようになった。監督の先生にも毎日指導をお願いし、遅くまで必死に練習した。隣校との練習試合が一カ月後に控えていたので、まずはそこで勝つことを目標に定めた。

それまで経験したことがないほどの辛い練習だったが、部員たちとの一体感のせいか疲れなどまったく感じなかった。その結果、練習試合とはいえ、悲願の一勝を勝ち取ったのだ。それは部員たちに大きな感動をもたらしてくれた。同時にこの経験が大きな自信となり、同じ年の秋の対抗戦で初戦突破を果たすことができた。❸私は、中学のバスケットボール部での活動をとおして、「やればできる」ということを、身をもって知ったのである。

結論

❸困難を乗り越えた経験から何を学んだのか？

ここで差がつく　構成を見直してみよう

何を中心に書くか？
→バスケットボール部で部員一丸となって励んだ練習

書き出しをどうするか？
→バスケットボール部に入部してすぐに先輩に言われた熱い言葉

どんなことを訴えるか？
→何事も「やればできる」を身をもって経験したこと

課題 4

あなたが“誇り”に思っていることを具体的に述べよ

ブレインストーミング

誇りに思っていることは何か？

そのために、どんな努力をしてきたか？

誇りを失わないために何をしているか？

MEMO

何を中心に書くか？

書き出しをどうするか？

どんなことを訴えるか？

文章構成をどうするか？

序論：

本論：

結論：

模範解答

序論

❶ 私は、自分が生まれ育った地域に誇りをもっている。

夜八時を回った頃には真っ暗になってしまうような田舎なので、友人のほとんどが「田舎者」という劣等感をもっていて、いつか東京に出ることを夢見ている。東京を都会的な美人にたとえるとしたら、私がいる町はその正反対をいくような感じだ。

本論

❷ 田舎には面倒なこともたくさんある。近所で冠婚葬祭があるときは、親が会社を休んで手伝うしきたりなどがある。

しかし、私が生まれ育った町は昔から住んでいる人ばかりで、お互いによく知っているせいか、血なまぐさい事件とは無縁だ。夜は人通りが少なくなるので、お巡りさんがパトロールをしているし、住民が班ごとに町内の見回りをしている。

解答例から学ぶ

レベルアップ講座

ここに注目

アプローチ

→誇りとは名誉に思うことである。人に自慢できること、と言い換えてもよい。自分の家族のことでもよい。無理に警察官と結び付ける必要はないが、例文のように関連する内容で書けるならそれに越したことはない。何も思い当たることがない場合は、誇りをもてるようになるために努力していることについて書いてみよう。

ここがポイント

ブレインストーミング

❶ 誇りに思っていることは何か？
❷ そのために、どんな努力をしてきたか？
❸ 誇りを失わないために何をしているか？

そのため、「夜中に騒ぐ若者の集団がいる」とか、「一人暮らしの高齢者が誰にも気づかれずに亡くなっていた」などということは、この町では起きたことがない。温かくて安心して暮らせるこの町は〝いやし系〟だと思う。自分がもし、この町の交番に勤務することになったら、暇すぎて嫌になってしまうかもしれない。

しかし、穏やかな日々がいつまでも続くとは限らない。❸私は、誇りとするこの町の平和がいつまでも続くことを願っている。だから、私は警察官という道に進み、自分の生まれ育った地域の安全を守るため、夜の町をパトロールするお巡りさんの一員になりたいと考えている。

結論

ここで差がつく　構成を見直してみよう

何を中心に書くか？
→自分が住んでいる町と、そこで暮らしている人たち

書き出しをどうするか？
→自分が生まれ育った地域について

どんなことを訴えるか？
→平和な町の穏やかな日々が続くためにも警察官は必要

課題 5

"警察という職場"について、あなたの考えを述べよ

ブレインストーミング

警察官が働く場所とはどんなところか？

警察官とファストフードのアルバイトで共通するところは何か？　違うところは何か？

アルバイトの経験で学んだことと、成長するために必要なことは何か？

MEMO

何を中心に書くか？

書き出しをどうするか？

どんなことを訴えるか？

文章構成をどうするか？

序論：

本論：

結論：

模範解答

序論

警察の職場とは、いったいどこのことなのだろうか。❶真っ先に思いつくのは、交番や警察署である。しかし、もう少し考えてみると、警察官はもっとあらゆるところにいて、私たちの生活を守っている。パトカーや白バイに乗っているときは、道路が職場である。事件や事故が起きたり、一一〇番の通報があったときは、どんなところにでも駆けつけて、そこが職場になる。受け持つ地域の全てが職場なのである。

本論

❷学生時代、ファーストフード店でアルバイトをしたことがあるが、そのときの職場は当然、店の中で、毎回、同じ環境で働いていた。次回行く場所も同じところだし、やる仕事も決まっていた。しかし、警察官の仕事は毎日どこで何が起こるのか、予想がつかない。ただ、アルバイトも警察官も、人を相手にする仕事という点では同じである。このアルバイトでの経験を、警察での仕事にも生かせればいいと思っている。

解答例から学ぶ

レベルアップ講座

ここに注目

アプローチ

→「職場」とは単に場所というだけでなく、仕事を進めていくための組織のあり方、理念や社風、人間関係など有形無形のものを包括していう言葉である。これから就職しようとする受験者にとっては未経験のものだが、希望する職業についてどの程度情報収集しているのか、どのようなイメージを抱き、どう自分を生かしていこうとしているのか、などから就職に際しての姿勢が評価される。

ここがポイント

ブレインストーミング

❶警察官が働く場所とはどんなところか？

❷警察官とファーストフードのアルバイトで共通するところは何か？　違うところは何か？

また、緊急事態や前例のない出来事にも、警察官なら、迅速かつ冷静に対応しなければならない。そのためには、警察官となるための事前の訓練に励み、しっかりした心構えをもつことが何より重要である。そして、いざ配属が決まったら、そこにいる上司や先輩のてきぱきとした対応や、的確な状況判断が手本となる。学生時代のような甘えは通用しないということを、経験を通して覚えていかなければならない。

❸以前、ファーストフード店のアルバイトでまだ不慣れで私が戸惑っていたとき、父が「無我夢中でやっているうちに、その仕事に合った能力や行動が身についてくるものだ」と言ってくれたのを思い出す。確かにこれまでも、がむしゃらにやっているうちに、気が付いたらうまくなっていた、ということが色々とあった。

結論

辛いことには耐えて、もっと大きな人間になり、警察という職場でもこれまでの経験を生かし、「自分は警察官だ」と自信をもって言えるよう、無我夢中でがんばっていきたい。

❸アルバイトの経験で学んだことと、成長するために必要なことは何か?

ここで差がつく 構成を見直してみよう

何を中心に書くか?
→警察官とファーストフードの仕事の共通点

書き出しをどうするか?
→さまざまな場所が職場になる警察官の仕事

どんなことを訴えるか?
→父がくれたアドバイスから、何事も努力すれば結果が出ることを経験し、それが警察官という仕事でも活かせる

編集協力　渡辺典子
木村亜紀子
装幀・デザイン　鈴木明子（フレーズ）
イラスト　わたなべじゅんじ
DTP　株式会社 エヌ・オフィス

出題傾向と模範解答でよくわかる！
警察官試験のための論作文術 改訂版

編　者　つちや書店編集部
発行者　佐藤 秀
発行所　株式会社 つちや書店
〒113-0023　東京都文京区向丘1-8-13
電話　03-3816-2071　FAX 03-3816-2072
HP　http://tsuchiyashoten.co.jp/
E-mail　info@tsuchiyashoten.co.jp
印刷・製本　日経印刷株式会社

落丁・乱丁は当社にてお取り替え致します。

2106-1-1